NANDA BLINKER

De hemel is neergedaald

om **vrede** te stichten

novum pro

Dit boek is ook als
e-book
verkrijgbaar.

www.novumpublishing.nl

© 2021 novum publishing

ISBN 978-3-99107-184-6
Geredigeerd door: I. van Gerwe
Omslagfoto: Nanda Blinker,
Irochka | Dreamstime.com
Ontwerp omslag, lay-out & typografie:
novum publishing
Foto's binnendeel: Nanda Blinker
Afbeelding p.124: jw.org
Afbeelding p.137: jw.org

De door de auteur beschikbaar
gestelde afbeeldingen werden in de
bestmogelijke kwaliteit gedrukt.

www.novumpublishing.nl

INHOUD

VOORWOORD

HOE LIEF HEB IK UW WET! DE HELE DAG
OVERDENK IK DIE (PS.119:97)

DENK DIEP NA OVER DEZE DINGEN, GA
ER HELEMAAL IN OP, ZODAT IEDEREEN JE
VOORUITGANG KAN ZIEN. (1TIM. 4:12)

LAAT JE NIET LANGER DOOR DEZE WERELD
VORMEN, MAAR WORDT VERANDERD DOOR
JE DENKEN TE HERVORMEN, ZODAT JE KUNT
NAGAAN WAT DE GOEDE EN AANVAARDBARE
EN VOLMAAKTE WIL VAN GOD IS. (ROM.12:2)

Ik dank de Here Jezus Christus, Jehovah, mijn Vader,
Moeder, Opa, Oma, de Engelen, mijn kinderen die
het mogelijk hebben gemaakt over Jehovah en de
Here Jezus te mogen schrijven, zodat iedereen weet
wie Jehovah is, GOD.

JEZUS, de grootste mens die ooit heeft geleefd.
Zoals Jezus is er nooit iemand geweest, die zoveel
voor ons heeft nagelaten als hij. De eniggeboren
zoon van God heeft zijn leven voor ons gegeven
en roept ons om te prediken tot redding van het
mensenleven. Ik ga ervan uit dat iedereen van Jezus
heeft gehoord, maar weet iedereen waarom hij is
geboren? Hij oefent tot op de dag van vandaag

dagelijks invloed uit op het leven van de mens. Iedereen heeft een naam. Daar is veel over te zeggen. Een naam heeft een betekenis. De naam Jezus betekent: Jehovah is redding. Hij zal zijn volk van hun zonden redden. Zei de engel in Mattheus 1:21 "Ze zal een zoon krijgen en je moet hem Jezus noemen, want hij zal zijn volk redden van hun zonden." De betekenis van Jezus naam laat zien dat we allemaal Jehovah moeten aanbidden. Jezus zegent ons en geeft ons licht. Jezus werd gedoopt en God zalfde hem met heilige geest. Na zijn doop met heilige geest, gezalfd, werd zijn naam met de Hebreeuwse titel, MESSIAS., wat gezalfde betekent weergegeven of in het Grieks met Christu; Christus. Een gospelzangeres die ik graag een keer zou willen ontmoeten, riep steeds Jezus zijn naam. Zij zong: "THERE IS POWER IN THE NAME OF JESUS" en ging maar door. Iedereen werd geraakt. Door de heilige geest droegen de mensen zich geroerd, huilend aan God op om zich aan te sluiten in het aanbidden van God, door het loven van de naam van zijn zoon Jezus. "Call his name, call his name," riep ze steeds, "Jesus, Jesus." Iedereen reageert op zijn naam, waarom zou hij het niet doen, wanneer wij hem roepen. Precies zo gaat het wanneer we Gods naam noemen. De getuigen van Jehovah zijn een heilig volk. Heel veel profetieën zijn door hen bestudeerd en uitgelegd. In de Wachttoren en Ontwaakt die worden verspreid. En het is op de voet te volgen hoe deze in vervulling gaan. Een voorbeeld van Gods liefde voor ons. God houdt

van hen, omdat ze zijn woord onderhouden door lectuur te vervaardigen en in de velddienst gaan. En mensen worden gered. Ik heb dezelfde heilige geest om voor God heilige dienst te verrichten. En hoop dat dit boek een manier is om mensen te bereiken, want ik kan niet zonder zijn woord. Dat maakt me gelukkig. (Matth. 28:19,20)

Jehovah heeft tegenover mijn Heer verklaard.
"Ga aan mijn rechterhand zitten totdat ik je vijanden aan je voeten leg als een voetenbank. (Ps. 10:1,2)

Dit boek schrijf ik ook onder inspiratie van Gods woord en het doel is Jehovah en de Here Jezus Christus te eren. Ik citeer veel Bijbelteksten over bijvoorbeeld de Schepping. Dat wat van belang is, over de Soevereiniteit van God en zijn voornemen van de aarde een Paradijs te maken. En dat mensen weten wie en wat ik ben. Ik weet wie ik ben. Veel mensen weten dat ik kan zegenen.En Ik liep eens onbewust over iets waar onreinheid aan zat en het werd vernietigd. Mensen hebben geprobeerd duivelse geesten in mijn tuin te gooien en hielden maar niet op. Ik kan door de kracht negatieve entiteiten onbewust vernietigen, het gaat vanzelf. Daar zijn sommige demonische personen achter gekomen en die maken daar misbruik van. Stelen mijn kleding en atributen. Dat is de reden waarom ze mij vervloeken en misbruik maken van mijn kracht. Ze kunnen de kracht niet vernietigen. Omdat ze het niet kunnen. Zij zijn jaloers. Ze moeten het maar ergens anders houden; in hun eigen huis, het is niet van mij. Ik val hen niet lastig.

Er komen levenservaringen in voor die te maken hebben met het strijden om een bestaan met gelukkige mensen om me heen, om een gelukkig leven op te bouwen. Maar het is steeds op een of andere manier weggenomen. Terwijl ik het eigenlijk verdien om gelukkig te zijn. Ik zegen en wens iedereen geluk toe en nog word ik vaak onrechtvaardig behandeld door gelukkige gekken.

Mijn kinderen zijn mij dierbaar en ook voor hen schrijf ik dit, zodat ze weten wie ik ben, wie God is en wat hij voor ons betekent. Het gaat om de Soevereiniteit van God en zijn zoon Jezus Christus.

Gods woord is waarheid. Wijsheid en kracht vloeien daaruit voort dat al het andere te boven gaat. De heilige geest en de kracht van zijn liefde.

Het onderwijs is een van de voorbeelden om iets te bereiken. In het dagelijks leven heeft iedereen onderwijs nodig. Zo ook is het onderwijs uit Gods woord belangrijk om bekwaam te worden in het dienen van Jehovah. Want daar gaat het om in het leven. Wij kunnen echt niet zonder Jehovah. Hij geeft ons veel liefde wanneer je het niet verwacht. Niet iedereen heeft daar behoefte aan. Die hebben het goed omdat ze onwetend zijn of het niet beseffen dat hij bestaat. Niet iedereen weet wat de naam van God is. Daarom is het belangrijk dat er onderwijs wordt aangeboden en gegeven.

Schrijven over heilige dingen is het beste pad, omdat daarover geen discussie mogelijk is. Het is en blijft de waarheid en erover praten moet wel door bekwame personen, zoals de Ethiopische Eunich het niet snapte, maar uitleg nodig had. Want het gaat om Gods woord, dat in de Bijbel staat en het is belangrijk dat mensen weten wat er in staat. Het is het zwaard van God de Almachtige. Het woord wordt door gebrek aan kennis, inzicht en ervaring vaak niet begrepen en ik wil niemand noch mijzelf belasten met de nodige emoties, die soms daardoor ontstaan. Ik laat iedereen in zijn waarde. Alleen door Bijbelstudie is mogelijk te begrijpen wat Gods wil is. Daar is hulp bij nodig net zoals Jezus onderwees, doen Jehovah getuigen het. Het is een gemeente die door Jehovah's heilige geest wordt geleid en verloopt ordelijk. Alle dingen die de organisatie doet, slagen. Het is niet te vernietigen, anders doet Jehovah er iets aan, want hij is de maker van hemel en aarde en zegent degenen die hem zegenen. Het werk moet worden voortgezet door oprechte mensen met een reine en oprechte, eerlijke geest. Het kan voorkomen, dat vaker dan een keer in mijn verhaal iets voorkomt. Omdat ik veel mee wil geven en het goed is om te weten dat ik het kan.

Over sommige dingen kun je niet praten, omdat je het antwoord al weet. Kun je met sommige gelovigen praten over het feit dat je engelen hebt zien vliegen, die voor je bidden in een zaal van Jehovah getuigen? Ik weet niet waarom de engelen er waren, maar ik zag hen bidden voor me, omdat mij onrecht werd aangedaan. Ik heb ook gezien door de engelen hoe ik door iemand werd vernietigd door de heilige geest van God te vernietigen. Of de aanwezigheid van de Here Jezus Christus in de Evangelische kerken? Wat is daar het verschil in? En een van de ruiters het vale Paard uit het boek Openbaring in de bibliotheek van Lelystad. Het vale paard komt in het boek Openbaring 6:8 in de Bijbel voor. Het vaal paard draagt de naam dood, veroorzaakt door allerlei plagen en factoren, bijvoorbeeld ziekten enzovoorts die de mensheid achtervolgen. De bewaker, die in de Bibliotheek werkte, zag er altijd ziek uit alsof hij iets duisters bij zich had. Nadat hij mij een hand gaf om kennis te maken ging er een golf van mijn heilige geest door hem heen dat zo krachtig was dat ik er van schrok. Na een paar weken zag hij er goed uit en ik kon er niet over praten. Zou hij mij geloven? Ik heb hem niet genezen, dat deed God. Snappen ze het? Dat durf ik echt niet. En net als Lot, de engelen die je helpen om op te schieten of helpen te strijden tegen de mensen die je opzettelijk onrecht aandoen? Je manuscript stelen, zodat je boek vertraging oploopt of je dingen kapot maken en alles doen om je te willen ombrengen, door vergiftiging, mensen ook lastigvallen of je heilige geest hinderen, zodat men niet ziet wat zij doen, zodat niemand weet wie ik ben en wat ik ben of kan. Ze stelen je kleren om rituelen uit te voeren en je leven en geld te vervloeken, zodat je niks hebt. Ik weet waar ik over praat en respect heb ik wel voor eenieder zijn mening en leven en wat God hen geeft. En de verschijning van Jezus zo vaak. Om mij te helpen. Zie toe op mij, hoor ik hem steeds zeggen. Dat houdt mij sterk en ik geef het niet op. De Bijbel in de bibliotheek waar Gods naam in staat; de Nieuwe Vertaling van de Heilige Schrift is een teken dat Jezus mij heeft gezegend en gezonden naar die plek om Gods woord in de vorm van een BIJBEL te schenken. Ik weet ook dat de KORAN een Heilig boek is. Dat zag ik. De heilige geest. Dat gaf ik aan iemand en zei het tegen haar.

OMAR komt later in het verhaal voor, gaf het boek aan mij. Ik vroeg mij af waarom. Nu weet ik waarom.

De Bijbel is een boodschap uit de hemel, die Jehovah de mens heeft gegeven tot nuttig onderwijs, dingen recht te zetten in rechtvaardigheid en geluk in vrede te leven in een Paradijs op aarde. Boodschappen uit de hemel worden door engelen gebracht in het geval van Zacharias en Maria. De ouders van Jezus Christus. Jezus is ook een Engel geweest. Er bestaan veel meer Engelen, Engelen die beschermen, zoals die Bileam tegen hield door Gods engel, zodat hij Gods volk, de Israelieten niet kon vervloeken, maar zegenen. Ik ben een gelukkig mens, omdat ik door God ben uitverkoren en omdat hij een plan met mij heeft. In het boek 'De mens op zoek naar God' is uitgelegd hoe religie van elkaar verschilt, in elkaar zit, wat de doelen zijn van een geloof en wat ze aanhangen.

Religiën verschillen van elkaar. Ik zal geen discussie met iemand aangaan over haar of zijn geloof, maar wel mijn eigen mening over hebben volgens de Nieuwe Wereld Vertaling. Ik weet wel dat Omar, een Moslim, mij vertelde, dat God iets met mij wil. Via hem heb ik de heilige geest en de kracht van God om mensen te helpen. In Suriname heb ik de heilige geest ook ervaren in de vorm van een kracht, die niet te zien is, na mijn moeders dood. Een enorme kracht ging van haar uit. Het is de kracht van God die bij mij en mijn broers en zussen kwam. Gelukkig zijn er tegenwoordig mensen die zulke verschijningen hebben gehad en er over schrijven of praten. Ik praat er liever niet over, omdat het heilige dingen zijn. Het ergste vind ik het, als men mij niet gelooft. Ik begrijp het wel. Ik zie het en diegenen niet. Dat is het verschil. Ik leef niet in de tijd van Jezus Christus, maar heb wel vaker visioenen gehad. Alleen ik weet het. Ik roep wanhopig tot Jehovah, ik wil niet alleen zijn, want ze vervloeken mij en mijn geest steeds, zodat het me niet lukt om gelukkig te zijn en uw werk te doen. Ik bid om een man, dan ben ik gelukkiger dan ooit tevoren. Dan heb ik een redder, die mij elke dag zegent, troost, beschermt en helpt om Gods plan uit te voeren. Hoop dat ik die persoon vind, die mij wil helpen en redding in mijn leven brengt, zoals de Vader van mijn zoon. Hij was sterk, gelukkiger dan ooit te voren en wist het niet, zorgzaam en oprecht, een vader voor mijn kinderen. En intelligent en bovenal goed voor mij. Ik wil blij en gelukkig zijn en het licht dat God mij heeft gegeven laten schijnen. Ik ben gezegend en wil graag gezegend worden en blijven en eeuwig gelukkig zijn in dit leven en daarna. Omdat ik veel heb verloren door die persoon die mijn kracht probeert te ondermijnen door zijn negatieve geesten. Het moet niet kunnen, dat zij mijn leuke dingen en geluk stelen en doen alsof het van hen is en mij mishandelen in geestelijke, fysieke en emotionele zin. God wil niet dat ik over die mensen praat, die niet heilig zijn – dat is niet waardig – maar wel te noemen wat er met mij is gedaan.

Ik heb veel aantekeningen en manuscripten over Bijbelse onderwerpen en dagboeken geschreven en wil ze terug hebben. In 2017 ben ik begonnen met het schrijven van deze ervaringen, die niet van deze tijd zijn. Jezus omringt mij met zijn zegeningen ,dat maakt mij gelukkig. Ik moet dankbaar zijn dat ik leef. Want zo zeer heeft Jehovah de wereld liefgehad, dat hij zijn eniggeboren zoon heeft gegeven, zodat iedereen die in hem gelooft niet vernietigd zal worden, maar eeuwig leven zal hebben. Jezus zegent mijn geest, omdat ik veel voor hem wil doen en heb gedaan en het is niet de eerste keer dat ik het heb gezien, dat ik gezalfd ben door God en vandaag, 15 september 2020, merk ik het weer.

The Holy Ghost Fire in a powerful person like me. Because I am blessed properly. financially, emotionally and the most of all blessed by Jehovah, because I know who I am, still alive and kicking. Jezus is my Saviour and I am glad that he loves me.

Toch blijft het stevige fundament van God staan, met dit zegel: "Jehovah"

Jehovah zei tegen Mozes: "Zeg tegen Aäron: 'Steek je staf uit en sla ermee op de grond. Dan zal in heel Egypte het stof veranderen in muggen."' En zo gebeurde het: Aäron stak de staf uit die hij in zijn hand had en sloeg op de grond, waarna er muggen verschenen die op mens en dier gingen zitten. Al het stof op de grond in heel Egypte veranderde in muggen.De magiërs probeerden met hun geheime toverkunsten hetzelfde te doen en muggen tevoorschijn te laten komen, maar dat lukte niet. Alle mensen en dieren kwamen onder de muggen te zitten. De magiërs zeiden tegen de farao: "Het is de vinger van God!" Maar de farao bleef koppig, en hij luisterde niet naar hen, zoals Jehovah had gezegd. Jehovah kan in deze tijd ook met mensen communiceren via heilige geest. In de kerken van de Christenheid is dat meestal wel te merken wanneer de predikanten door heilige geest boodschappen uit de hemel ontvangen. Ik heb mijn zegeningen en een gave vanaf de moederschoot van God, Jehovah, gekregen, die een plan met mij heeft. Ik ben geboren in een plaats buiten Paramaribo, Groot Chatillion genaamd, een Franse naam. Zoals in de film Papillion de mensen apart werden gezet, die Lepra hadden opgelopen. Het complex werd door Rooms Katholieke Zusters geleid, die Zeurs werden genoemd, misschien omdat ze streng waren. Ze hebben vast gebeden voor mij en mijn moeder, want die had het moeilijk. Hoe moet ik aan mijn ouders vertellen dat ik zwanger ben, zou ze gedacht hebben? En wat moet ik met de baby? Gelukkig werd ik geboren en ben ik niet verloren gegaan. Ik begreep dat er Engelen bij mijn geboorte over mijn wieg leunden en mij begiftigden met alle geweldige kwaliteiten die ik bezit. Een heel mooi leven vol cruciale ontmoetingen, genegenheid en uitzonderlijk veel geluk. En een persoonlijkheid met karaktereigenschappen van vrijgevigheid, loyaal en een hoge intelligentie.

Ik bevond mij in de vroege ochtend met mijn Oma op het balkon. Ze stond meestal vroeg in de ochtend op om te strijken. Elke kledingstuk werd heel netjes gestreken. Ook al was het een oude lap. De was deed mijn grootmoeder op de hand met een wasplank. Ze stond vroeg op en werkte heel hard in de huishouding. Begon daarna met het bereiden van de maaltijd voor de dag. Ik kan me niet herinneren of ze een bepaalde dag had voor boodschappen doen. Ik was soms een beetje stout en stal steeds een stukje van de pindakaas die in vetvrijpapier werd verkocht, wanneer ik boodschappen voor haar moest doen. Als je van een half pond pindakaas of iets dergelijks steeds een stukje afhaalt en met de cellofaan het weer plat drukt dan zie je het niet. Dat deed ik onderweg naar huis. Schaamteloos vind ik mezelf nu. Vind ik nu niets aan, dat ik haar vertrouwen beschaamde. Ze zag dat het er niet meer netjes uitzag, herinner ik me. Mag ze mij vergeven? En stiekem Ponche Cuba maken van een ei uit het kippenhok met 80% alcoholpromillage, luchtig kloppen met een garde, wanneer ze naar de markt ging. Ik werd er dronken van. Ik mocht niet mee naar de markt, omdat ze met een rietenmand op haar hoofd moest lopen en alle boodschappen erin droeg. De rietenmand was een grote, stevig gevlochten mand en voor ze die op haar hoofd deed, rolde ze een paar hoofddoeken in elkaar op in de vorm van een ronde bol, een tjietjarie. Ik hield en houd nog steeds heel veel van mijn Oma en wilde niet van haar zijde wijken. Ik klampte me steeds aan haar vast en wilde hand in hand lopen, maar dat verstoorde haar evenwicht met de mand op haar hoofd. Dat begreep ik toen niet en huilde tranen met tuiten, omdat mijn Oma niet thuis was. Dacht dat ze niet van me hield. En als ze terugkwam was het mooi om te zien. Een mand vol voedsel. The good old days. Het ergste vond ik de diefstal uit mijn spaarpot. Er kwam een Javaanse, Indonesische vrouw in de straat die lekkere zoete tiekie tiekie verkocht; een soort zoete stickjes. Dat vond ik lekker en dacht een keer. Ik doe gewoon de spaarpot open die mijn Opa voor me had en haal er een kwartje 25 cent of meer uit om van de zoete stokjes te kopen. Wel, ik had het liever niet moeten doen, van mijn Opa's goede bedoelingen en hardverdiende geld te pakken en niet netjes te vragen of het mocht. Ik werd gestraft, want hij wist het. En niet zo'n beetje ook. Ik heb het daarna toen nooit meer gedaan, schaamte overviel mij. Wat ik ook leuk vond zijn de tijdschriften die mijn Opa had. Die gaven een beeld van wat er aan de andere kant van de wereld gebeurde. Bijvoorbeeld wat mij bij bleef, is dat Chinezen in de jaren 60 opium gebruikten en ik wist toen niet wat het was. Hele bijzondere verhalen kwamen erin voor. Daar las ik als kind uit. Ik was en ben een heel leergierig meisje en weet hoe ik heel hard schreeuwde toen ik niet geslaagd was voor een rekentest om naar de Mulo te gaan, een soort middelbare school, op een punt na. Dat vond ik zo wreed en merkte dat het niet eerlijk was gegaan. De hele wijk hoorde mij schreeuwen van verdriet en kwam mij troosten.

Ik was wakker in de ochtend dacht ik en weet niet waarom. Ik herinner me dat mijn lieve Oma aan het strijken was op de veranda, een soort balkon. Ik deed mee met haar en speelde creatief mee, net alsof ik ook aan het strijken was, op een klein bankje met een fles. Ik merkte in een onbewaakt ogenblik, tijdens het meedoen, dat zij mij vastgreep, met mij naar binnen rende, mij weer in bed neer legde, en ik ging weer slapen. Er is iets wat mij is bijgebleven over de buurt waar we woonden. Pomisterie Djarie, een soort huizenblok waar de huizen in een kring gebouwd stonden. De echtelijke ruzies waren te horen en te zien. Als kind is mij bijgebleven dat bij een echtelijke ruzie de vrouw al het servies stuk sloeg omdat haar man vreemdging. Dat gebeurde veel te vaak. Ik vond het heel erg en was bang, want ze gingen met elkaar op de vuist.

Mijn Oma en Opa zorgden goed voor ons, mijn jongere broer en mij. (*Ik heb vaak genoeg een borstbeeld van hen willen maken.*) Want mijn moeder kon op dat moment niet voor ons zorgen. Mijn grootouders namen de zorg op zich. Eigenlijk vond ik het achteraf heel erg zwaar voor hen. Maar ze deden het graag met liefde. Mijn vader en moeder waren verliefd op elkaar geworden en ik kwam als een verrassing bij heldere hemel uit de lucht vallen. Het kan gebeuren dat twee personen op elkaar verliefd raken en dat iedereen om hen heen ervan schrikt. Mijn moeder was veel jonger dan mijn vader, ongeveer in de 40 jaar, herinner ik me van mijn moeder te hebben gehoord, en mijn moeder in de 20 jaar ongeveer, nog maagd. Spannend! Het leven zit soms vol verrassingen. Maar ook al leven ze niet meer: ik weet, dat ze het ondanks de vreselijke ruzie die er toen ontstond toch blij zijn met mij. Ik ging altijd als het mooist geklede meisje naar school. Heel netjes en met altijd nieuwe, mooie jurken aangekleed. Ik mocht het patroon zelf uitkiezen, bij de naaister. Dat was altijd prachtig, tussen al de mooie modebladen met prachtige jurken uit de jaren 60. Het mooiste vond ik de jurken met een petticoat eronder, dat met stijfsel, een soort Crackfree, heel erg prikte, wanneer ik het aan had. Ik ben heel erg verwend. De naaister was iemand die keurig netjes ervoor zorgde dat alle kleuren goed bij elkaar paste.. Daar hielp zij mij mee bij het uitzoeken. Jurken met beslagen knopen van dezelfde stof. In het haar mooie nette lintjes, passend bij de kleur van de jurk, schoon en deftig gekleed was ik altijd. Mijn Oma was een heel lieftallige vrouw, en stond bekend als Tant Dika. Gastvrij en ze verwende vrienden en familie, wanneer ze op bezoek kwamen. Iedereen wilde graag bij haar eten, want het was altijd erg lekker. Vaak bakte ze Ingris Boroe. Een vriendin zei eens tegen mij, dat ze vaker bij ons op bezoek kwam alleen voor het lekkere eten. Een andere vertelde; dat mijn Oma's Asogrie, fijn gemalen mais gebakken met suiker en kruiden, lekkerder was en dat zij een leuke vrouw is geweest. Daar ben ik helemaal mee eens. Tot op de dag van vandaag praten veel mensen die haar kenden over haar lekkere kookkunsten, wanneer ze mij spreken. Een vroeg eens aan mij of ik het ook kon. "Dat wordt dan oefenen," zei ik. Ik keek alleen toe. Ze had ook de gave die ik heb geërfd. Goddelijke gaven. Ze was niet zo'n flapuit als ik. Heel veel liefde heb ik van mijn Opa en Oma gehad. En ook van mijn moeder. Ik kan het niet vergeten. Het mooiste vond ik het wanneer ik met mijn moeder op haar arm in bed lag, wanneer ze bij ons logeerde en ze mij verhalen vertelde. Was ik maar vaker bij haar geweest. Ik weet nog dat ik aan haar vroeg hoe het kwam dat haar borsten zo slap hingen. Ze gebruikte een illustratie over een moederdier en haar jongen die nog geen ervaring in het leven had en er nog achter moest komen hoe dat kwam. Heel tactvol. Na kong joe e kong. (Je bent nog maar een opgroeiend kind,) Zei de moeder tegen haar kind. Je zal het ervaren wanneer je groot bent. Dat waren de mooiste momenten in mijn leven, met mijn moeder samen. Ook al was ze niet altijd thuis bij mij en mijn grootouders en momenten met mijn vader. Mijn vader heb ik ervaren als een stille en lieve man. Dat liefdevolle karakter heb ik van mijn Oma geërfd.

Iemand zei dat eens toevallig, herinner ik me: "Je bent net als je Oma, die was lief en een gelukkig mens met heel veel liefde en goede gaven in zich." Die persoon kon het niet hebben dat ik lief ben en heilige geest heb, liefdevol en ook goed voor haar en zij niet. Ik heb Gods heilige geest in me. Goddelijke gaven. Ik ben een rechtvaardig mens en vergeef hen die mij niet goed behandelen. Ik weet dat ik het anders zou hebben gedaan. Ik wil vaak genoeg helpen en wil eens het bejaardentehuis waar mijn vader heeft gewoond voor zijn dood bezoeken en iets voor hen doen als God het toelaat. Ik moest aan iemand vragen van God: "Wanneer ik hulp nodig heb, zul je me dan helpen?" Diegene zei: "Als ik kan." En toen de tijd daar was moest ik weer zeggen: "God zegt dat ik tegen jou moest zeggen dat hij mij helpt." En die persoon ging steeds door met het vernietigen van wat God mij geeft en heeft gegeven, zo arrogant. What a shame. Omdat ik mijn vader niet kon verwennen sinds ik in Nederland woonde en het eigenlijk miste. Ik stuurde soms een overhemd of iets om te eten of een brief. Mijn Opa was een harde werker. Thuis aangekomen viel hij bij het raam leunend in slaap van het harde werken en de zorgen die hij had met een sigaret in zijn mond. Dat voelde niet goed aan. Achteraf ben ik erachter gekomen dat hij verdriet om mij had om iets dat toen met mij gebeurd was. Hij sprak niet veel. Mijn Opa werd ineens ziek, kwam uit het ziekenhuis. Ik moest voor hem koken en deed te veel suiker in de groente POMPOEN. Hij vond het niet zo lekker. Dat mocht ik niet meer doen; hij had verdriet. Iemand deed iets wat niet klopte. Maar hij genas. In het jaar dat ik naar Nederland kwam, stierf mijn Opa en ik voelde het heel sterk aankomen. Ik was bij een kennis en hij gedroeg zich zo ongemakkelijk. Ik voelde dat ik daar weg moest toen ik bij hem stond op de bouwplaats. Ik ging automatisch naar het ziekenhuis want daar lag hij weer. De mannelijke ziekte sloeg toe, Ik kwam haastig aangelopen en stond in het ziekenhuis. Voelde dat er iets niet klopte en twee weken van tevoren was er iets gebeurd thuis. Ik rees mijn bed uit en stond ernaast. Een soort teken. Mijn Oma zei: "Ga naar je Vader." Ik kwam daar achter het gordijn aan en opende het laken en zag mijn Opa daar liggen en begon heel hard te gillen. Op dat moment knipperden zijn ogen. Ik werd zo bang en schrok me wild. En was meteen stil. En vroeg me af of ik het tegen mijn grootmoeder moest zeggen. Opa leeft weer. Tot op de dag van vandaag weet ik dat ik een enorme kracht daartoe heb gezien. Ik zag op een avond voor de begrafenis een verschijning en dat zag er niet beangstigend uit, maar wel duidelijk met de jagerskleding die hij eens aan had. En mijn Opa vertelde mij na zijn dood hoe mensen niet goed voor hem waren geweest. Dat hoorde ik fluisterend. Hij wilde mij waarschuwen om niet naar Nederland te vertrekken. Ik begrijp nu dat ik de inkomstenbron was en hoorde bij hen. Ik moest mijn salaris verdelen over mijn moeder oma en opa. Ze hadden een klein pensioen en ik woonde daar in het huis dat nog niet af was. Er moest nog veel gebeuren. Ik was zo onbezonnen en zag het niet goed in. Had wel een kennis die verliefd op me was en graag het huis wilde afbouwen. Hij was bouwopzichter. Ik verstopte me als hij aan de deur kwam. Ik kon er niks aan doen, dat ik niet verliefd was. Toen ik naar Nederland vertrok, gaf hij mij 500 Nederlandse guldens, omdat hij het goed met me voor had. Hij was een getrouwde man en ik maak mensen hun huwelijken niet kapot. En hoe komt het, vroeg ik me af. Was het om mijn zoon een beter leven te geven of was ik zo verliefd over mijn oren, dat ik mijn ouders zo achterliet. Die vriend overspoelde mijn zoon met cadeaus En wat een andere wereld was het ineens in Nederland. Ik vergat mijn mooie, onbezorgde leven in Paramaribo en kwam in Europa waar het heel anders was en toeging. Een groot assortiment en lekkernijen bij de bakker. Vond ik heel mooi om te zien en lekker. Mijn vader was niet meer bij mij, omdat ik ruzie met mijn ouders kreeg en iets deed wat niet goed was. Ik werd woest op iedereen en zette mijn plannen door. Ik was niet leuk. Het ging niet goed met mijn moeder en ik wist het niet. En omdat het niet goed ging met haar, ging het ook niet goed met mij, toen ik hier was. Ik was heel agressief toen verbaal, ik bid om vergiffenis, vind het niet leuk, was jong en zelfverzekerd dat ik weg wilde en luisterde niet naar mijn moeder die mijn hulp nodig had. Ze had geen man die voor haar zorgde en moest borduren om aan een beetje geld te komen. Ze zei eens op een verdrietige manier tegen me, dat ze gaten in haar vingers kreeg van de naalden van de hele dag borduren. Dat vond ik heel erg om te horen. Maar kon niet terug . De kleedjes werden door de Estherstichting van de Lepravereniging doorverkocht. Er waren heel veel redenen behalve de gezinshereniging. Mijn broer was ook uit huis en die miste ik ook. Vanaf 1976 tot 2020 heb ik aan een stuk door met tussenposen veel gelukkige momenten en vaak duivelse mensen om me heen gehad. Ik kwam erachter wie ermee begon en waarom. Zo kwam Omar in mijn leven, omdat mijn Vader Gods Engel in de hemel is. Hij zei ook tegen mij: "Ik heb mijn werk gedaan." Iedereen heeft hier een taak en ik wens iedereen succes toe. Ik bid om vergiffenis voor mijn onvolmaaktheden. Doe heel graag mijn best. En vergeef graag iemand. Ik weet nu waarom ik naar mijn Opa had moeten luisteren. Zo ook kunnen mensen als ze door God worden geleid, daar ga ik niet over in het mooie boek geschreven staan. Ik moet mijn best doen om het nu goed te doen. Mijn moeder was ziek en lag in het ziekenhuis. Mijn dochter en ik moesten naar haar toe, omdat het ernstig was. Zij werd beter. Na een paar kritieke dagen. Zij zei, toen ze uit de coma kwam: "Waar heb je de witte kralenketting gekocht?" Ik zei: "Bij een kraam van Afrikaanse snuisterijen." Ze zei tegen mij: "Als je er niet was geweest was ik doodgegaan." In die tijd wist ik niet wat Gods plan met mij was. En wist niet welke krachten vanuit de hemel bij mij aanwezig waren. Als Jezus in de jaren 2014-2017 tot mij zegt, vanwege de slechten, die mij haten: "Zie toe op mij", begint het steeds bij mij te dagen hoe belangrijk deze uitspraak is geweest. Hij is altijd bij en met me geweest. En de Engelen die mij omringen. De Engel Gabriel gaf aan iemand de boodschap over hoe ik in de hemel beloond ben voor mijn goedheid. De Heilige geest heeft mij meegedeeld, dat onze voorouders uit de lijn stammen van de Priesters uit de Kronieken. Het is niet aan me te zien. Want ik ben bescheiden en schep er liever niet over op. Maar het is Waarheid. Zoals het in de Bijbel staat. Ik sta er versteld van hoeveel Jezus om mij geeft. Ik dank de voorzienigheid van God daarvoor. Ik heb een taak om gelukkig te blijven. Mijn grootvader is metselaar geweest en was een keer bij het project waar hij aan een zwembad werkte in Moengo, een plaatsje in het district Marowijne in Suriname. Ik was soms zo direct en was soms zo stom en liep zomaar mijn Opa voorbij. En als hij vroeg: "Waar ga je naar toe?" zei ik: "Naar de bonte koe." en wist niet dat ik niet goed bezig was en zag hoe hij verdrietig was en voelde dat ook. Ik was gewoon in mijn eigen wereldje zonder bij na te denken. Want wat hij voelde, had ik ook. Ik kan mij herinneren dat ik een spoorweg over moest en er een jongen steeds daar rondwandelde of speelde die mij zodanig pestte dat ik bang werd om naar een tante te gaan die er woonde of naar de winkel. Een verbondenheid die niet stuk te krijgen is met mijn Opa. Iemand heeft mijn kracht vernietigd om te strijden voor mijn rechten. Er is en wordt mij zoveel onrecht aangedaan dat ik er moe van word en hoop dat het verleden tijd wordt en is! Jezus geeft mij steeds de kracht daartoe en verschijnt steeds om mij te troosten. Ik ben gezegend door Jehovah en de Here Jezus Christus. Ik vraag ook vergiffenis voor mijn onvolmaakte gedrag, soms ben ik verdrietig en boos over het onrecht dat mij en mijn familie wordt aangedaan. Ik moet niet alleen zijn, heb een beschermer nodig. Iemand hindert mijn bestaan opzettelijk, zodat alles van mij wordt weggenomen. Ze vervloeken mij en weten ermee weg te komen ook, en willen mij liever dood hebben dan levend, zodat ze kunnen pronken met wat van mij is. Ik moest niet alleen zijn. Zoals een gospelzangeres over Jezus zei:

"He is my big guy." Een grote sterke man, zodat niemand mij nog onrecht aandoet. Légène, de vader van mijn zoon, is een grote, sterke, rechtvaardige man geweest. Zou iedereen stoppen die ons onrecht aandoet. Ik kan soms niet begrijpen dat mensen ongevoelig zijn wanneer ze zien hoe iemand mishandeld en misbruikt wordt en er niks aan doen, wanneer het in hun mogelijkheid ligt. En maar toekijken hoe iemand wordt mishandeld!!!!!!!

Ik was behalve mooi gekleed, ook een knap mens en rap van tong, heel erg fel soms. Een vriendin zei heel lang geleden tegen me: "Ik ben bang voor je." Ik deinsde nergens voor terug wanneer het niet naar mijn zin was, maar was wel rechtvaardig en streng. Ik kan soms heel fel uit de hoek komen wanneer het niet goed gaat komen voor me. Dingen moet doen die ik niet wil of die mij opzettelijk worden aangedaan, mij onrecht wordt aangedaan. Een tante van mij had alleen jongens en wilde mij zogenaamd graag stelen van mijn Oma, zei ze, zo mooi vond ze mij. Ik moest steeds mijn prachtige gezicht laten zien, wanneer ze op bezoek kwam. Ik weet dat een van die jongens tandarts is.

    Mijn grootvader was een heel zorgzame man en heeft heel veel verborgen talenten gehad. Hij was erg goed in wat hij deed en hoe hij was. Ik zie hem nog visnetten vlechten. En wanneer hij na het vissen thuiskwam met heel veel vis, profiteerde de hele buurt van de vis, want er was overvloed. The good old days. Een spannend verhaal van hem uit de jagerstijd. Hij vertelde het verhaal dat mij heel erg aangreep over zijn overlevingsstrategie in het bos. Het enige wat ik onthouden heb is dat je met vuur dieren zoals tijgers uit je buurt kunt houden. En er kwam nog bij dat zijn lucifers in het regenwater vielen, of het regende en toen werden ze nat. Geen vuur en een hele nacht in de kou met een jachtgeweer zitten wachten op de mensen die te hulp zouden komen. Want niemand laat zijn familie doodgaan in het bos. Het ging zo met het zoeken; op holle boomstammen of iets dergelijks werd geklopt en geroepen. En wanneer hij het zou horen; klopt hij weer terug totdat ze hem vonden en zo is het gelukt. Het was het spannendste verhaal ooit gehoord.

Ik genoot ervan en was verdrietig. Hij was verdrietig. Het was alsof ik het zag gebeuren met de tijger in de buurt. Want die was dichtbij en hij moest wakker blijven. Het is alsof ik daar was met hem om die tijger weg te jagen. Uiteindelijk is hij gevonden en was er feest, want hij had wel het hert, waar hij achternaliep doodgeschoten met zijn dubbelloopgeweer. Dat was een harde werker. De familie van ons die in hetzelfde dorp in het district Marowijne woonde, was ook zo lief voor mij. Ze waren harde werkers. Bijvoorbeeld de zus van mijn Oma was alleenstaand met mooi lang haar. Die had geen man meer. Dat vond ik heel erg voor haar. Ook een harde werkster, die zorgde voor haar inkomen en kleinkinderen als verkoopster op de markt. Hele lieve mensen heb ik in mijn leven gekend. Dat heeft mij ook gevormd tot een hartelijke persoonlijkheid. Eens toen ik mijn blokfluit op tafel had laten liggen, pakte mijn Opa die en begon een melodie erop te spelen. Ik dacht: zo! Ik heb hem nooit horen oefenen. Hoe komt het dat hij het zo goed kan? Ik vond het toen heel leuk en wilde graag samen met hem spelen, maar hij was de beste. Ik durfde het niet aan, hij was de beste. Mijn Oma kon

ook heel mooi zingen en kende alle liederen van het Singi
Boekoe, het Surinaams Zangboek van de Evangelische
Broeder Gemeente, uit het hoofd. Ze wilde eens een keer
een van die liederen zingen tijdens een familiebijeenkomst
in Nederland. Ze begon te huilen en zei: "Ik kan niet meer
zo goed zingen." De fles van die gek, Giny In a Botlle;
law, GIB, had haar geest bezoedeld. Ik heb veel inspiratie
van mijn Oma gekregen. Ik was een keer aan het zingen
toen hoorde ik een fluisterende stem zeggen: niet zo gillen
als je zingt, maar zing vanuit je buik. Had veel verborgen
talenten, artistieke gaven zoals tekenen en schilderen, en
nog veel meer. Het tekenen zag ik in mijn oom, de zoon
van mijn Opa, mijn oom had een tekenschrift. Daar had hij
mooie levensechte tekeningen in staan. Dat bewonderde ik
heel erg. De broer van mijn vader had een muziekband. Ik
weet niet zo goed of hij ook meespeelde. Mijn moeder zei
dat hij een banjo had. Hij was schilder. En kwam in een
bejaardentehuis terecht. Kon niet naar hem toe want had
geen geld daartoe. Ik kon de nood niet zo goed zien en
als je ouder wordt besef je als volwassene hoeveel verdriet
er in hem omging. Het ging toen al niet goed met mij.
Ik had vliegangst en kon mijn Oma niet bezoeken en die
stierf ongeveer 29 jaar geleden; ik kon haar niet begraven,
had ook geen geld en geen werk en een dochter om voor
te zorgen, was alleenstaand en zag geen uitweg om mijn
lieve Oma naar haar laatste rustplaats te brengen. Na vijf
jaar liet het verdriet mij pas los toen ik in de stromende
regen huilend naar huis liep en sinds die tijd zoek ik liever
de zon op dan de regen. Ik ben na de begrafenis van mijn
vader in 1996 van mijn vliegangst afgekomen en had een
korte tijd om mijn moeder te bezoeken in verband met de

belangen van de familie van mijn vader en miste veel liefde van mijn moeder. Ze miste me heel erg. Ik had het niet door. In 2010 stierf mijn moeder en in 2016 gaf ze mij een teken om te verhuizen naar Suriname, omdat er iemand was die plannen had gemaakt om me om te brengen, omdat hij wist wie ik kan zien: Jezus. Het werd steeds gehinderd en ze stalen van alles wat mij toebehoort. Maar Jehovah's wil Geschiede. Yehovah In God We Trust. Zo heette de Stichting die ik had opgericht in Suriname en wegens de slechten heb opgedoekt, omdat er dingen kapot zijn gemaakt en gestolen. Mijn singer-song-write-talent en acteertalent is door allerlei oorzaken niet echt tot ontwikkeling gekomen. Vooral wanneer ik meezing met muziek via YOUTUBE, merk ik dat ik ruimte nodig heb en dat de muren als het ware omgeduwd moeten worden om mijn lied te kunnen zingen en uit te voeren. Ik keek naar mijn moeders foto een middag en werd door haar geïnspireerd om het lied van een grote STER te zingen, waarvan ik de naam in verband met de privacy regels niet meld; If Can Dream. Ik heb er niet echt voor gekozen, maar kan het heel goed. Ik heb een Pedagogische Opleiding en loopbaan als leerkracht in het Basisonderwijs en af en toe in een Gospelkoor gezongen. *Jehovah, ik bid tot u, helpt u mij, zodat ik de juiste personen om me heen heb, die mij helpen en beschermen tegen de goddeloze in Jezus Christus naam, Amen.* Tot op de dag van vandaag heb ik last van zulke heel erg jaloerse mensen die mij het leven niet gunnen, om van te genieten en gelukkig te zijn. Ze kunnen niet tegen mij op. Wat een onrecht. Ik laat iedereen in zijn waarde en vergeef, maar het moet stoppen. God, stopt U het onrecht alstublieft. Gij zult niet begeren wat van uw naaste is. De omstandigheden van dit huidige tijdperk van de laatste dagen worden gekenmerkt: "Want de mensen zullen alleen om zichzelf geven en om geld. Ze zullen verwaand zijn, arrogant, lasteraars, ongehoorzaam aan ouders, ondankbaar en ontrouw. Ze zullen geen natuurlijke genegenheid hebben, voor geen enkele overeenkomst openstaan en kwaadsprekers zijn. Ze zullen onbeheerst en wreed zijn en geen liefde voor het goede hebben. Ze zullen verraders zijn, roekeloos en opgeblazen van trots, met meer liefde voor genot dan liefde voor God. Ze zullen een schijn van vroomheid hebben maar de kracht ervan niet blijken te bezitten. Ik was een gelukkig kind in het gezin. Heel erg verwend. En Jehovah heeft uit een mens (Adam) alle volken gemaakt om het hele aardoppervlak te bewonen. Ook heeft hij tijdperken en de grenzen van het woongebied van mensen bepaald. God wilde namelijk dat ze naar hem zouden tasten en hem ook echt zouden vinden hoewel hij eigenlijk niet ver is van elk van ons. Want dankzij hem leven we, bewegen we en bestaan we, zoals ook sommigen van jullie eigen dichters hebben gezegd: "Want wij zijn ook zijn kinderen. (Hand.17:26-28) Ik weet wat er moet gebeuren."

Vaak is mijn liefdesleven verstoord door gemene, egoïstische, hebzuchtige mensen, waardoor ik niet kon trouwen. Er zijn veel mensen die mij het geluk niet gunnen. Ze gunnen mij geen geluk. Het zou liefdevol zijn om ieder zijn geluk te gunnen. Ik heb eens in een flits een poos gezien dat er iets met twee witte duiven was. Het is toch zo leuk om twee personen liefdevol met elkaar om te zien gaan. En veel verdriet veroorzaken ze daardoor. En wel bijzondere, mooie, knappe en slimme mannen kwamen in mijn leven. Ik heb de man in mijn hart, die door Jezus was aangekondigd. Ik moest het aan hem geven, waar de naam van Jezus op staat, wanneer ik hem zou zien. Ik geloofde het eerst niet, maar hij kwam. Ik vond het niet zo mooi. Ik heb hiervan geleerd.

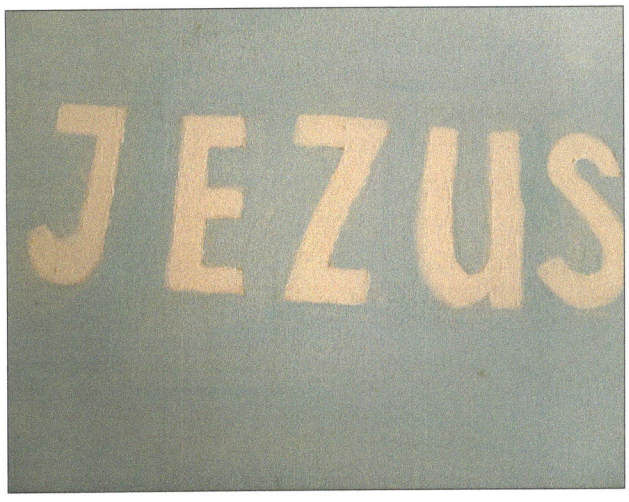

God laat niet met zich spotten. Ik had er daarna spijt van dat ik het niet geloofde. Vaak genoeg ontvang ik heilige boodschappen. Ik moet leren om dank je wel te zeggen. Het gebeurde ook in een periode door de heilige geest, dat ik veel water moest drinken om in leven te blijven. Het water gaf mij kracht om te overleven. Zodat ik kracht ontving om te leven. Iemand is vaker bezig geweest mijn liefdesleven te verzieken. Maar het lukte hen niet en zal hen ook niet lukken om mijn kracht te verzieken. Ik ontving een geschenk door de heilige geest uit de hemel om gelukkig te zijn, omdat mijn handen heilig zijn en moest er iets mee doen. En wanneer ik het witte strikje ombond kon ik zien dat er iets was dat met mijn liefdesleven te maken had. Soms zag ik wat ik moest doen, was zo verliefd op diegene waar ik een relatie mee had, dat ik er bijna gek van werd. Ik nam geen contact met hem op. Ik wist niet wat ik moest denken en ondernam niks. Ik wilde het wel, maar er kwam maar niks van terecht. Ik kon het niet verdragen, dat ik hem niet belde om te zeggen hoeveel liefde ik voor hem heb. Het water en de witte strikjes waren mijn bescherming, om in leven te blijven. Iemand was mijn geluk en naam aan het vernietigen. Die slechte mensen bestaan niet meer in mijn leven. Jezus bestraft het, dat ze zoiets stiekem deden. Ik zegen mezelf, want Jezus is er.

Ik schrijf onder inspiratie en inzicht van Gods heilige geest over mijn ervaringen en getuig van de liefde van Jehovah en zijn zoon Jezus Christus voor mij in mijn leven. En het geluk in deze tijd uitgekozen, gelukkig te zijn door Jehovah en zijn zoon Jezus Christus. God heeft een gelukkige helper/engel/beschermer; een goddelijke met alle heilige titels die er bestaan Profeet laten zien, wat hij mij moest melden, Hij nam mij mee in zijn kamer en zei: "Jehovah will do something with you." Het is een byzondere roeping. Ik heb de Here Jezus Christus door heilige geest gezien en met deze roeping ben ik geboren. De heilige geest van God is een werkzame grote kracht die werkt zoals bij de schepping en van God afkomstig is. Ik moet mijn geest zegenen en vertellen wat ik ben, *gelukkiger dan ooit tevoren*, een gelukkig mens. En Jezus Christus eren door te vertellen wat hij voor mij heeft gedaan. Geen woorden voor! Gered. Het is zijn opdracht en zo vaak wanneer ik het wilde doen, liep iemand mij voor de voeten, maar het lukt ze niet mij te doden. Bijvoorbeeld verkondigen wat Jezus voor mij heeft gedaan. En ook over de liefde die ik in mij heb voor hem en Jehovah. Ik ben een gelukkig mens. Ik heb een roeping rechtstreeks van God de Almachtige. Ik zie zegeningen van God, zegen mensen en wens iedereen hun geluk toe. Ik ben van nature een vrolijk en liefdevol persoon. In principe vindt iedereen mij een lief persoon, zeiden een paar mensen, goede vrienden die het zagen, heel opmerkelijk; dat als er nog meer mensen waren zoals ik ben, de wereld er anders uit zou zien. Liefdevol, oprecht, eerlijk, goed voor een ander, geen onrecht accepterend en vooral zegenend in de plaats van ten gronde willen richten van iemands liefdesleven. geluk, rijkdom. Vernietiging van mensen is uit den boze. Wie zulke dingen doen zijn niet van God afkomstig maar van de Goddeloze. Heb ik niet verzonnen, in de naam van Jezus Christus. Ik doe niemand kwaad, behalve als ze naar doen. Ik wil niet vervloekt worden, maar gezegend worden. Ik houd waar God van houdt en niet waar hij niet van houdt. Tegenwoordig is het met de huidige omstandigheden waakzaam te blijven met wie je omgaat, liefhebt. Mensen zijn over het algemeen wel aardig, maar je weet niet wat daarachter schuilt. Met welke bedoelingen ze met je komen praten bijvoorbeeld. En toch zijn er veel mensen die een Hart van Goud hebben en je met bepaalde bedoelingen aanspreken, maar het goed bedoelen en hoe kom je erachter? Door Gods woord te gebruiken kun je mensen doorgronden en erachter komen hoe ze zijn en wie ze zijn. Huichelaars of Wolven in schaapskleren of…?

Zijn onzichtbare eigenschappen zijn eeuwige kracht en Godheid;
zijn namelijk vanaf de schepping van de wereld duidelijk te zien,
omdat ze waar te nemen zijn in alles wat gemaakt is. Daarom
hebben ze geen enkel excuus. (Rom.1:20)

Jezus is voor ons welzijn en onze redder in nood. En de al-
lerbelangrijkste reden waarom ik dit schrijf, is voor mijn redder
Jezus die het aan mij heeft opgedragen. Eens zei hij tijdens een
verschijning door heilige geest: "Zie toe op mij." Ik zag wat ik
voor mijn kinderen moest doen. Heel veel geluk wensen. Door
te prediken, zoals God mij heeft opgedragen de heilige geest aan
mijn kinderen te geven. Dat houden ze tegen. Ik heb hulp nodig
om hen te redden en ook mijzelf.

Steeds gehinderd door de kracht in mij die zij niet kunnen
vernietigen. Het is onze kracht, niet van hen. Ik ben gezegend en ze zullen stoppen mijn leven te hinderen. Ik wil
ook leven en ervan genieten. En doen wat God mij heeft
opgedragen. Mijn zegeningen en de twee vredelievende,
prachtige, liefdevolle kinderen met karakters trouw, geduldig, hulpvaardig, Goddelijke gaven. De liefde van God
de Almachtige in hen. Ik ben gezalfd met een speciale
boodschap, als een Apostel van Jehovah om zijn soevereiniteit hoog te houden. Jehovah is Soeverein. Dat moet
verkondigd worden en zal moeten verkondigd worden.
Iedereen moet het weten. Een missie zijn prachtige naam
te loven en te eren en te vertellen hoe Jehovah groot en
machtig is, indrukwekkend vol pracht en Majesteit, want
alles in de hemel en op de aarde en het koninkrijk is van
u, o Jehovah. U bent Majesteit hoog boven alles verheven (1kron. 29:10-13). Hij is de enige ware God en geen

mens in deze wereld kan zijn wil veranderen. Omtrent mijn leven, mensen moeten weten dat Jehovah de maker van hemel en aarde is, de Grootste schepper. (Gen. 1:1) in het begin schiep God de hemel en aarde. Mijn zegeningen heb ik en zijn van onze lieve Vader, God afkomstig. Hij regeert over alles. Rechtvaardigheid en recht heeft hij lief. De aarde is vervuld van Jehovah's loyale liefde. De Gelukkige vrede van God. De Here Jezus Christus is wel degelijk opgestaan, hoorde ik een krantenverkoper van een Surinaams Dagblad uit mijn geboorteland roepen naar de mensen. Hij heeft gelijk. Ik ben gelukkiger dan ooit tevoren. Jezus Christus is er, omdat hij mij wil zegenen met zijn liefde. Wat een wonder, Here Jezus. Jezus sprak tot de Farizeeën. "Ik ben het licht der wereld. Wie mij volgt zal geenszins in duisternis wandelen, maar zal het licht des levens bezitten."

Sla je ogen op naar de hemel en kijk. Wie heeft die dingen geschapen? Het is degene die ze als een leger leidt naar hun aantal. Hij roept ze allemaal bij naam. Dankzij zijn enorme dynamische energie en ontzagwekkende kracht ontbreekt er niet een. (Jes. 40:26)

I am powerful because I know who I am, Jehovah's power. Jesus is my Saviour and I am glad that he loves me.

In 2008 kocht ik naar aanleiding van een televisieprogramma een boek waarin ervaringen voorkwamen van Christusverschijningen. (Het komt niet vaak voor maar het bestaat wel)

Geïnspireerd door een engel in Atlanta Georgia
Liefde
God is liefde
Jezus is liefde
Liefde
De liefde van God woont in mij
De liefde van God is in mij
De liefde van God is
Onveranderlijk in mij
De liefde van God leeft in mij
De liefde van mij is groot
Oneindig groot is Jehovah's kracht
Majesteit in Jezus Christus
De kracht van zijn heilige geest is wonderbaar
Liefde
Jehovah gaf zijn zoon Jezus
ezus is liefde
Liefde
Jezus geeft liefde
Liefde

Rechtvaardigheid

Jesaja 42:6
Ik, Jehovah, heb je in rechtvaardigheid geroepen,
ik heb je bij de hand genomen.
Ik zal je beschermen en je als een verbond voor de mensen geven
en als een licht voor de volken,

Rechtvaardigheid is Gerechtigheid.

Rechtvaardigheid is een vorm van recht uitgesproken na grondig onderzoek.
Jehovah vergeeft zijn kinderen Niemand is volmaakt

JEHOVAH
Jehovah heeft laten zien hoe hij mij beschermt wanneer ik de hoop bijna opgaf.

Altijd kwam er een gelegenheid in de vorm van een persoon die mij troostte.

En de hoop gaf en vroeg aan mij; Je beseft niet wat je bent,hè? Ik heb niet alles gedragen wat ik heb meegemaakt; dat deden Jehovah en de Here Jezus Christus en ik wil en zal niet opgeven om hem te blijven dienen dat maakt mij gelukkig ook al zit ik de hele dag met een Bijbel en Gods woord. Ik heb onderdak en de basisbehoeften en dan ben ik gelukkig. En toch wil ik hebben alles wat God mij heeft gegeven. Mijn kinderen, de liefde van God en mijn liefdesleven, en het geld dat God mij geeft en heeft gegeven.

Jehovah. De naam van Jehovah betekent: Hij veroorzaakt te worden. Deze betekenis past heel goed bij het doel als de schepper en vervuller van zijn voornemens.

"Want Gods onzichtbare hoedanigheden worden van de schepping der wereld af duidelijk gezien, omdat ze worden waargenomen door middel van de dingen die gemaakt zijn, ja, zijn eeuwige kracht en Godheid." (Rom.1:20)

Jehovah is de almachtige schepper van hemel en aarde, zoals in het Bijbelboek Genesis staat geschreven. Jehovah kenmerkt zich door het feit dat niemand hem kan zien. God is een persoon met gedachten, gevoelens en doelen, een geestelijk wezen. Oneindige macht en wijsheid. Dat zien we in de schepping en de levende dingen. Hij heeft alle dingen geschapen. Hij is zelf niet door iemand geschapen en wordt niet begrensd door tijd. God is de Alfa en Omega; het begin en het einde. God heeft een naam die meer dan 7000 keer in de Bijbel voorkomt. JEHOVAH. In het oorspronkelijk Hebreeuws wordt Gods naam geschreven met JHWH.

Het Paradijs
De prediking van het goede nieuws van het koninkrijk.

De Apostel Paulus heeft ook het goede voorbeeld gegeven na zijn bekering van het vervolgen van Jezus' discipelen. Zo komt het goed tot uiting uit de ervaringen van deze Apostel in de Evangeliën, hoe belangrijk het is de prediking van het goede nieuws voort te zetten om veel mensen te redden.

De Heer stond bij mij en gaf mij kracht, opdat door bemiddeling van mij de prediking ten volle volbracht zou worden en alle natiën haar zouden horen; en ik werd uit de muil van de leeuw bevrijd. (2Tim.4:17)

Gebed
God begrijpt onze gedachten en gevoelens, welke taal we ook spreken. Zijn woord zegt: "God is niet partijdig, maar

elke volk dat ontzag voor hem heeft en het juiste doet, is aanvaardbaar voor hem." (Hand. 10:34,35)

Ik bleef tot God roepen om hulp.

Vanuit zijn tempel hoorde hij mijn stem, mijn hulpgeroep bereikte zijn oren. Want hoeveel beloften van God er ook zijn, ze zijn ja geworden via hem. Daarom zeggen we ook via hem Amen tegen God, die daarmee wordt geëerd. Behalve verzoeken moeten we ook aan denken God te bedanken voor elke dag, dat wij mogen leven van hem. Mensen beseffen dat niet, maar wij zijn van zijn hulp afhankelijk.

De Opstanding

Jezus is de eerstgeborene van de doden, de eerste in alles. De vrede via het bloed van Jezus Christus en de heilige geest.

Om heilig, onbesmet en vrij van enige beschuldiging voor hem te staan en in het geloof te blijven van de hoop van het goede nieuws van het koninkrijk. De regering in de hemel met Jezus Christus als Koning. (Jes. 9:6,7; Matth.5:3; Luk.31:33)

Het heilige geheim Jezus Christus, de glorieuze rijkdom, wilde God onder de volken bekend maken, en de hoop om samen met hem te regeren. Jezus is belangrijk in ons leven. Hij is onze grote onderwijzer en wat een geduld, zo mooi.

Want Gods liefde voor de wereld was zo groot dat hij zijn eniggeboren Zoon heeft gegeven, zodat iedereen die in hem gelooft niet vernietigd zal worden, maar eeuwig leven zal hebben. (Joh.16:3) Verbaas je daar niet over, want de tijd komt dat alle mensen die in de herinneringsgraven zijn, zijn stem zullen horen en tevoorschijn zullen komen. Wie goede dingen hebben gedaan tot een opstanding voor leven en wie walgelijke dingen hebben gedaan tot een opstanding voor oordeel. (Joh. 5: 28,29)

Als we een met hem zijn geworden door te sterven zoals hij, zullen we er zeker ook een met hem zijn doordat we worden opgewekt zoals hij. (Rom. 6:5)

Jehovah's voornemen met de mens.

Jehovah God vormde op de zesde scheppingsdag de mens uit stof van de aardbodem naar zijn beeld en in zijn neusgaten blies hij de levensadem, en de mens Adam werd een levend wezen. Daarna nam God uit Adam een rib en vormde een vrouw voor Adam en hij gaf zijn vrouw de naam Eva.

De eerste mens, Adam, was volmaakt gemaakt, oftewel zonder zonde. Hij had het vooruitzicht voor altijd te leven in de Hof van Eden en voor de dieren in de lucht, in het water, op de aarde en planten te zorgen die God had geschapen. (Gen.1:27,28) God had de mensen geschapen om dicht bij hem te zijn, waar genoeg leven, liefde, vrede en vreugde heerst. Zo lief had hij de mens. Op congressen en in de gemeenten heerst hetzelfde soort leven, vrede, vreugde en rust vooral. Dat komt door Gods woord. Wij zijn geschapen om elke dag van de liefde van God te genieten. Wij kunnen dat op verschillende manieren doen. Door in de Bijbel te lezen. Bijeenkomsten te bezoeken waar zijn woord wordt verkondigd en vooral aanbiddingsliederen te zingen. Want Jezus is daar dan aanwezig. There is power in the name of Jesus, om te zegenen. Heb ik gezien, omdat hij mijn geest zag die verdrietig was. In de zaal van

Jehovah getuigen zijn de engelen van Jehovah aanwezig.
Dat is een groot verschil met de andere gemeenten. Heilig
is Gods woord en wie hem aanbidden worden beschermd
door zijn heilige geest. Satan kwam net zoals vele dictators
in deze tijd tegen God in opstand door Eva te verleiden
ongehoorzaam te zijn. In de Hof van Eden stonden twee
bomen. De levensboom en de boom van goed en kwaad.
Van de boom van goed en kwaad mochten zij niet eten,
God gaf het gebod. "Want op de dag dat je daarvan eet,
zul je zeker sterven."

(Gen. 2:16,16)

Wie stelde Gods Soevereiniteit aan de kaak?

Voordat God de aarde en de mens schiep, schiep hij
engelen. Een van die engelen werd Satan (tegenstrever)
genoemd. Hij stelde Gods macht en recht om te regeren
in twijfel.

Wat voor doel had hij voor ogen?

Hij wil alle mensen onder zijn eigen bestuur brengen.
Hij beschuldigde God ervan te liegen dat ze niet zullen
sterven en vertelde Eva dat zij net als God zouden zijn,
kennend goed en kwaad. (Gen.3:4,5)

Dit zei de slang tegen de vrouw: "Jullie zullen helemaal
niet sterven. Want God weet dat op de dag dat jullie ervan
eten, jullie ogen geopend zullen worden en jullie als God
zullen zijn en kennis zullen hebben van goed en kwaad."

Na de zonde gaf Adam zijn vrouw de naam Eva, omdat
zij de moeder zou worden van iedereen die leeft. En Jehovah
God maakte voor Adam en zijn vrouw lange kleren van

dierenvellen waarmee ze zich konden kleden. Toen zei Jehovah God: "De mens is nu als een van ons geworden als het gaat om de kennis van goed en kwaad." Om te voorkomen dat hij zijn hand uitsteekt en ook een vrucht van de levensboom plukt, ervan eet en eeuwig leeft, zette Jehovah God hen uit de tuin van Eden om de grond te bewerken, waaruit hij genomen was. Hij verdreef de mens dus en plaatste aan de oostkant van de tuin van Eden, de cherubs en een vlammend zwaard dat voortdurend rond-draaide, om de weg naar de levensboom te bewaken. Dit zijn twee profetieën die vanaf het begin door Jehovah's geest voor ons welzijn is gegeven, zodat wij van het leven kunnen genieten.

Door te zondigen, verbraken Adam en Eva hun band met God. Zo scheidt ook onze zonde ons van God. "Het zijn uw dwalingen die er de oorzaak van zijn geworden dat er een scheiding bestaat tussen u en uw God, en uw eigen zonden hebben zijn aangezicht voor u verborgen doen zijn, zodat hij niet hoort." (Jes. 59:2)

Wat heeft hij bereikt?

Adam en Eva verloren hun band met God.

De band met God is van levensbelang voor de Liefde van God, Geluk, Licht en Bescherming. We hebben God nodig in ons leven. Hij is onze Vader in de hemel en op aarde. Gehoorzaamheid is vanzelfsprekend.

Want Jehova's Soevereiniteit is niet te veranderen. Wat Jehovah zegt is waarheid en getrouw; daar kan niemand tegenop. Je moet ontzag voor Jehovah je God hebben. Hem moet je dienen en bij zijn naam moet je zweren. (Jer.12:17) Jehovah zegt in Jesaja 45: 23:

"Ik heb gezworen bij mezelf. Het woord uit mijn mond is waar en zal niet terugkomen. Elke knie zal zich voor mij buigen en elke tong zal trouw zweren." Wat God ons heeft beloofd zal hij ook doen. Wij leven nu niet in een Paradijs, zoals oorspronkelijk de bedoeling was. Het is veel beter naar God te luisteren dan naar iemand die zijn eigen belang nastreeft. Gods voorziening voor de mensheid. Gods liefdevolle voorziening, die hij door middel van zijn zoon Jezus Christus heeft. Getroffen om mensen van alle rassen en natiën te zegenen. Hij heeft bevrijding van onderdrukking, zonde en de dood beloofd. Door bemiddeling van Jezus Christus worden we gered. En door geloof te oefenen in het voornemen, dat God in verband met Christus heeft in aanmerking te komen voor eeuwig leven. In Handelingen 4:12 zegt Petrus: "Er is in niemand anders redding, want er is onder de hemel geen andere naam die onder de mensen is gegeven, waardoor wij gered moeten worden. Er is geen mens rechtvaardig op de aarde, die voortdurend doet wat goed is en niet zondigt." (Pred.7:20) Het is van het grootste belang om grondig getuigenis te geven over het goede nieuws van het Koninkrijk der hemelen. Het goede nieuws gaat over zijn Zoon, die als mens werd geboren uit het nageslacht van David. Maar toen hij uit de dood werd opgewekt, werd dankzij de kracht van de geest van heiligheid bevestigd dat hij Gods Zoon is, Jezus Christus, onze Heer. Via hem hebben we onverdiende goedheid en een apostelschap gekregen, zodat alle volken door geloof gehoorzaam zouden zijn tot eer van zijn naam. (Rom.13-4) Ook heeft hij ons opgedragen tot het volk te prediken en een grondig getuigenis te geven dat hij het is die door God is aangesteld als rechter van de levenden en de doden. (Hand.10: 42)

Zonde omvat alle verkeerde daden, gevoelens of gedachten. We zijn onvolmaakt en het ligt eraan of je bewust of onbewust zonde ondergaat. Een mens met gezond verstand vermijdt zonde. Onder zonde vallen ook onbeheerste emoties zoals woede, vloeken, verkeerde verlangens of het toegeven eraan. Je kunt je als mens corrigeren en vergiffenis vragen aan Jehovah in de naam van Jezus. Eva zondigde, daarna Adam. De vrouw heeft door de eeuwen heen een rol gespeeld in het leven van een man. Hier kunnen we twee verschillende soorten vrouwen aanschouwen. The ladies en de Mac Beths. Het motief is dat die andere mensen met geesten doden, vergiftigen, zodat ze geen kinderen hebben. Door hebzucht om geld en rijkdom dat niet voor hen is bedoeld of bestemd, stelen ze, liegen en bedriegen ze links en rechts, zoals wraakzuchtige jaloerse dieven. Een ander geen liefde en geluk gunnen en het zelf willen hebben onder welke omstandigheid dan ook. Behalve wanneer ze Gods geest hebben en hem eren. Het is duidelijk, dat als een vrouw God liefheeft, ze Gods wil doet. En zijn geest kan gebruiken om een betere wereld, een gelukkig gezin en maatschappij te helpen ontwikkelen. De hoeksteen van de samenleving is een gelukkig gezin met ouders die Gods leiding serieus nemen. Toch zijn er in de wereld omstandigheden die het moeilijk maken en dat is de mens zelf. Een gelukkig gezin is hard nodig in deze tijd gezien de normen en waarden en invloeden die op het leven drukken. Dit komt door gebrek aan liefde. Gebrek aan liefde voor elkaar en de belangen van anderen. Zodra iemand de belangen van anderen vooropstelt komt er vanzelf een geest van God en zegent het. Door liefde te geven, ontstaat liefde. De vraag is: aan wie geef je jouw liefde en is de persoon het waard? Is het mogelijk? Was het mogelijk? Liefde voor Jehovah is het allerbelangrijkste. Het werkt als een bescherming zoals een man in het leven van een vrouw, bescherming biedt. Een vrouw moet ook naar haar man luisteren staat in de Bijbel. Bij Jehovah werkt dat ook zo. Alleen is Jehovah Soeverein, volmaakt, rein, vergevensgezind en rechtvaardig. Bestaan er zulke mannen? Hoe ben je of hoe sta je als mens in de wereld? Wat wil God van ons? God wil dat we leven en gelukkig zijn. Laat je niet misleiden: slechte omgang bederft nuttige gewoonten. In Genesis 3:15 staat de profetie die de hele veroordeling betreft tussen Gods zaad en het zaad van de leugenaar die Adam en Eva misleidde. "Ik zal vijandschap stellen tussen u en de vrouw en tussen uw zaad en haar zaad. Hij zal u in de kop vermorzelen en gij zult hem in de hiel vermorzelen."

(Gen. 3:15) Het zaad van de duivel is valse religie; De vrouw, het zaad van Jehovah. De Here Jezus.

Wat heeft God gedaan om ons te helpen?

God heeft stappen gedaan om ervoor te zorgen dat opstand tegen hem nooit meer zal voorkomen. De beloften werden aan Abraham en zijn nageslacht gedaan in de betekenis van één, en dat is Jezus Christus. De zoon van de Allerhoogste. (Gen 3:15) Het zaad van Abraham, Isaak en Jakob. Jezus is uit de hemel neergedaald om VREDE te brengen. Door middel van het loskoopoffer, de verlossing en vergoeding van het menselijk leven. De Here Jezus heeft de wil van zijn Vader gedaan en werd gehoorzaam tot de dood aan een martelpaal. Om die reden heeft God hem tot een hogere positie verheven en hem in zijn goedheid de naam gegeven die hoog boven elke andere naam is, zodat in de naam van Jezus elke knie zich zou buigen van degenen in de hemel, op aarde en onder de grond en elke tong openlijk zou erkennen, dat *Jezus Christus Heer is tot eer van God, de Vader Jehovah. Wij hebben via niemand anders redding dan door Jezus Christus. He saved me again and I sometime am ashamed, when I don't do my best to stay strong and work because of pressure on the outside. May he forgive me please. I fight it and stay alive. (Filip.2:7-11)*

Zoals bij een rechtszaak bewijzen aangeleverd moeten worden heeft God een regeling getroffen om een antwoord te geven aan hem die hem hoont. Want Eva is voorgelogen dat zij niet zouden sterven. Maar wij sterven allemaal ooit eens, door overgeërfde zonde. Door een mens is de zonde de wereld ingekomen en door de zonde de dood. (Rom. 5:12) Er moest een volmaakt offer voor komen, want God is een rechtvaardige God: alles wat hij doet is volmaakt, zonder onrecht en oprecht. (Deut.32:4) Door te zondigen verbraken Adam en Eva hun band met God. Zo scheidt ook onze zonde ons van God. "Het zijn uw dwalingen die er de oorzaak van zijn geworden dat er een scheiding bestaat tussen u en uw God en uw eigen zonden hebben zijn aangezicht voor u verborgen doen zijn, zodat hij niet hoort." (Jes.59:2)

Bij een rechtszaak kost het tijd om de strijdpunten te beslechten. Gods vonnis zal een eeuwig leven scheppen in een paradijs op aarde, waardoor zijn naam wordt geheiligd en zijn manier van regeren wordt geaccepteerd. God zal alle schade die Satan heeft aangericht volkomen ongedaan maken. De tijd is nu om God te loven en te prijzen, want hij bestaat van nu af aan tot in eeuwigheid, Amen.

Job heeft ook, omdat hij een rechtvaardig man was, na gebed van zijn vrienden voorspoed en het dubbele van wat hij eerder had van God teruggekregen. Omdat hij rechtvaardig was. Ik bid dat iedereen voor mij bidt wanneer men dit leest. Had veel eerder gelukkiger kunnen zijn, maar het is nooit te laat om je dromen te zien uitkomen. Het is een geluk dat God mij heeft uitverkoren en veel liefde toont door mij heilige geest te geven. Ik ben gelukkiger dan ooit tevoren en alleen met mijn God die van mij houdt en de liefde die hij en mijn kinderen en de Here Jezus mij geven en die mij in leven houdt. Een leven met zijn woord is mijn steun en toeverlaat. Het woord van God heelt wonden en redt. Jezus leeft.

JEHOVAH'S NAAM

In Exodus 3:15 heeft God gezegd hoe hij heet. "Dit is mijn naam tot onbepaalde tijd en dit is de gedachtenis aan mij van geslacht tot geslacht." Gods naam betekent: Hij veroorzaakt te worden. Hij garandeert alles te worden om zijn doel te bereiken. Hij liet het bijvoorbeeld zien toen het volk Israël van de dictator Farao bevrijd werd uit Egypte van onderdrukking, omdat ze te talrijk waren en Farao bang was, dat hij overmeesterd zou worden wanneer er een opstand uitbrak. Egypte was destijds het machtigste land. (Ex. 9:16)

God heeft ons als hulpmiddel een richtlijn via Mozes – de tien geboden – gegeven om te leven.

En in de Bijbel staat ook wat Jehovah God over zijn naam zegt, dat die Heilig is. En dat is wat ik ervoer. In mijn huis heb ik Gods naam op de muur, in bijna elke ruimte. Ik heb gemerkt dat het werkt, wanneer iemand in mijn huis komt en de naam ziet. Niemand kan daar iets over zeggen, dan ontzag hebben voor de naam van God. Het is een bescherming. Ontzag voor God en zijn naam te hebben, is een vereiste. Jehovah is powerful. Jezus is powerful and with Jesus I am powerful in the name of Jesus.

Toen sprak God al deze woorden;
* Ik ben Jehovah, je God, die je uit Egypte heeft geleid, uit het huis van slavernij. Maak geen beelden, geen enkele afbeelding van iets in de hemel boven of op de aarde beneden of in het water onder de aarde. Buig je

er niet voor neer en laat je er niet toe verleiden ze te vereren, want ik, Jehovah, ben je God, een God die volledige toewijding eist. Voor de overtredingen van vaders, laat ik zonen boeten en ook de derde en de vierde generatie van hen die mij haten.

- *Wij moeten als mensen God meer gehoorzamen dan mensen.*
- Maar voor degenen die mij liefhebben en zich aan mijn geboden houden, toon ik loyale liefde tot in de duizendste generatie.
- Gebruik de naam van Jehovah, je God, niet op een onwaardige manier, want Jehovah zal degene die zijn naam op een onwaardige manier gebruikt, niet ongestraft laten.
- Onderhoud de sabbat als een heilige dag. Zes dagen heb je om te werken en al je arbeid te doen, maar de zevende dag is een sabbat voor Jehovah, je God. Je mag dan geen enkel werk doen. Dat geldt voor jou, je zoon, je dochter, je slaaf, je slavin en je vee en voor de vreemdeling die in de stad woont. Want in zes dagen heeft Jehovah de hemel, de aarde en de zee gemaakt en alles wat ze bevatten en op de zevende dag begon hij te rusten. Daarom zegende Jehovah de sabbat en hij maakte die heilig.
- Eer je vader en je moeder. Dan zul je lang leven in het land dat Jehovah, je God, je geeft.
- *Dit gebod is het belangrijkste want niet iedereen beseft dit. Er is een Surinaamse zanger die een lied zong over een moeder en een zoon die geld van zijn moeder wilde omdat hij haar hielp. Het ging erom dat de moeder zei: ik heb je negen maanden gedragen foe soso. Gratis enzovoorts. Wij moeten onze ouders gehoorzamen en respecteren.*

- Pleeg geen moord
- Pleeg geen overspel
- Steel niet
- Leg geen valse verklaring af als je tegen iemand getuigt.
- Verlang niet naar het huis van een ander. Verlang ook niet naar zijn vrouw, zijn slaaf zijn slavin, zijn stier, zijn ezel of iets anders wat van hem is.
- *Ik ben niet volmaakt. Mag God mij vergeven wanneer ik met mijn mond zondig. Soms maken mensen het je moeilijk om blij te zijn. Ik wil mijn vriendelijke en blije karakter behouden.*

In het derde gebod vinden we het gebod om Jehovah's naam te eren. Gij moogt de naam van Jehovah, uw God niet op onwaardige wijze opnemen. Niemand mag zijn naam lichtvaardig uitspreken. Iedereen die Gods naam draagt is verplicht hem te loven door zijn gedrag. Gij moogt zijn heilige naam nooit onteren. Zoals Jehovah zei: *"Mijn woord zal stellig succes hebben in dat, waarvoor ik het heb gezonden." (Jes.55:11)* Jehovah heeft om ons te helpen zijn zoon Jezus gegeven.

Want Gods liefde voor de wereld was zo groot dat hij zijn eniggeboren zoon heeft gegeven, zodat iedereen die in hem gelooft niet vernietigd zal worden, maar eeuwig leven zal hebben. (Joh. 16:3)

We hebben Jezus' voorbeeld nodig. In deze wereld vol geweld en onrechtvaardigheid. Door Gods woord kan iedereen gered worden en door de losprijs, de vergoeding van de zonden van Adam en Eva, Jezus Christus. Jehovah heeft ons verlost van de duisternis en ons overgebracht naar het Koninkrijk van zijn geliefde zoon, door wie wij onze verlossing hebben.

Hij is het beeld van de onzichtbare God. De eerstgeborene van de hele schepping. Want via hem zijn alle andere dingen in de hemel en op aarde geschapen, de zichtbare en de onzichtbare, de tronen, heersers, regeringen of autoriteiten zijn door hem geschapen.

Hij bestond voor alle dingen en is het hoofd van het lichaam, de gemeente. Hij is er voor ons, wanneer wij hem nodig hebben.

DE ENGEL GABRIËL VOORZEGT DE GEBOORTE VAN JOHANNES DE DOPER AAN ZACHARIAS

Johannes de Doper.

Volgens Lukas was er in de dagen van Herodes, de koning van Judea een zekere priester genaamd Zacharias van de priesterafdeling Abia voor diensttoewijzingen in de tempel. Zacharias had een vrouw uit de dochters van Aäron en haar naam was Elisabeth. In Jehovah's ogen waren zij onberispelijk, omdat zij in overeenstemming met alle geboden en wettelijke vereisten wandelden. Het enige wat zij niet hadden, was een kind. Elisabeth was op leeftijd en onvruchtbaar.

Zacharias offerde reukwerk op in het heiligdom van de tempel, de plaats waar een altaar voor God is gebouwd om te aanbidden. Tijdens het offeren stond de menigte Israëlieten buiten te bidden. Jehovah's engel verscheen en stond aan de rechterkant van het gouden reukofferaltaar. De engel zei echter tot hem: "Vrees niet, Zacharias, want uw smeking is verhoord, en uw vrouw Elisabeth zal u een zoon schenken en gij moet hem de naam Johannes geven. En gij zult grote vreugde en blijdschap hebben en velen zullen zich over zijn geboorte verheugen, want hij zal groot zijn voor het aangezicht van Jehovah. Maar hij mag volstrekt geen sterke drank drinken, en hij zal van de schoot van zijn moeder af met heilige geest vervuld zijn; en hij zal velen der zonen van Israël tot Jehovah hun God terugbrengen. Bovendien zal hij voor hem uitgaan met de geest en de kracht van Elia, ten einde de harten van vaders tot kinderen terug te brengen en de ongehoorzamen tot de praktische wijsheid van rechtvaardigen om voor Jehovah een toebereid volk gereed te maken." En Zacharias zei tot de engel: "Hoe kan ik hier zeker van zijn? Want mijn vrouw is reeds op vergevorderde leeftijd." De engel gaf hem ten antwoord: "Ik ben Gabriël, die dicht voor Gods aangezicht staat, en ik werd uitgezonden om met u te spreken en u het goede nieuws omtrent deze dingen bekend te maken. Maar zie! Gij zult zwijgen en niet kunnen spreken tot op de dag waarop deze dingen geschieden, omdat gij mijn woorden, die op hun bestemde tijd in vervulling zullen gaan, niet hebt geloofd." Intussen stond het volk op Zacharias te wachten en zij gingen zich erover verwonderen dat hij zo lang in het heiligdom bleef. (Luk.1). Zacharias kwam naar buiten, maar was niet in staat te spreken in verband met de bovennatuurlijke ervaring met de Engel Gabriël over Elisabeths zwangerschap. Zij hield zich vijf maanden afgezonderd en zei: "Aldus heeft Jehovah jegens mij gehandeld in deze dagen waarin hij zijn aandacht aan mij heeft geschonken om mijn smaad onder de mensen weg te nemen." In het zesde maand van de zwangerschap van Elisabeth werd de Engel Gabriël van God naar een stad in Galilea, Nazareth gezonden naar de maagd Maria. Met nog een boodschap aan Maria, ongetrouwd maar verloofd met Jozef uit Davids huis. Toen hij binnentrad zie hij: "Goedendag, hoffelijk begunstigde, Jehovah is met u." Maar zij werd diep verontrust over dat woord en ging overleggen en vroeg zich af wat die begroeting te betekenen had.

Mensen worden steeds geboren en de wereld draait door zoals een bekend programma heette. Zo ook de geschiedenis over de mensen

die voor ons leefden. Belangrijk is om ervan te leren. Maar heeft
de mensheid er baat bij en waarom lukt het sommigen niet?
Het is niet makkelijk, maar het overdenken waard.

De verzoendag.
De hogepriesters, in dit geval Zacharias, offerde op de
jaarlijkse verzoendag. De verzoendag is een sabbat van
volkomen rust voor het volk Israël. Zij moesten zich in
droefheid buigen en bidden. (Lev.16). De hogepriester
ging het Allerheiligste binnen. In het Allerheiligste was de
hogepriester omgeven door de kleurrijke Cherubs, die op
het binnenste dekkleed van de tabernakel en op het gordijn
geborduurd waren. Maar niemand anders mocht achter
het gordijn komen, dat het Allerheiligste en het Heilige
scheidde. In het heiligdom, de heilige goddelijke plaats
stond de tafel met de twaalf broden, die de twaalf stammen
van Israël voorstellen, de lampenstandaard, de altaren, de
voorwerpen voor de heilige dienst. In het Allerheiligste
op de Ark van het verbond stonden de Cherubs tegenover
elkaar op het deksel van goud. Op het deksel verschijnt
Jehovah in een wolk. De hogepriester mocht op één dag
in het jaar, op de verzoendag, het Allerheiligste van de
tabernakel, de tempel binnengaan. De dag van de zonde-
verzoening werd op de tiende dag van de zevende maand
gevierd. Het godsdienstig jaar 10 Tisiri komt overeen met
september/oktober. Jehovah's barmhartigheid werd hierdoor getoond door deze regeling dat iedereen daarna rein
verklaard was.
(Joh.1:6-10)

Gods vertegenwoordiger. Er stond een mens op die als een vertegenwoordiger van God werd uitgezonden. Zijn naam was Johannes. Deze kwam om een getuigenis af te leggen omtrent het licht der wereld die redt. *Het Licht* Jezus, opdat alle soorten van mensen door bemiddeling van hem zouden komen tot berouw van zonden en zich vervolgens te dopen. Niet Johannes was *Het Licht,* maar hij moest getuigenis afleggen omtrent dat licht. Johannes de Doper bereidde de weg voor Jezus' bediening en prediking van het Goede Nieuws voor omtrent het Koninkrijk, door tot de Joden te zeggen: "Hebt berouw, want het Koninkrijk der Hemelen is nabij gekomen." Het ware *Licht, dat de zonde der wereld wegneemt en alle soorten van mensen licht geeft, die er om vragen,* stond op het punt in de wereld te komen. Hij was in de wereld en de wereld is door bemiddeling van hem ontstaan, maar de wereld kende hem niet. Wat is ontstaan door bemiddeling van hem was leven en het leven was Het Licht der mensen. En Het Licht schijnt in de duisternis en de duisternis heeft het niet overweldigd.

JEZUS

De naam Jezus in het Latijns I.e'sous en het Hebreeuws Je.sjoe á of Jehō.sjoeá betekent, <u>JEHOVAH IS REDDING</u> is redding. De zoon van de Allerhoogste God. Jehovah heeft hem de troon gegeven toen hij naar de hemel opsteeg. Zoals je kunt lezen in Mattheus 25:31-33. "Wanneer de zoon des mensen gekomen zal zijn in zijn heerlijkheid en alle engelen met hem, dan zal hij op zijn glorierijke troon plaatsnemen. En alle natiën zullen voor hem vergaderd worden, en hij zal de mensen van elkaar scheiden, zoals een herder de schapen van de bokken scheidt. En de schapen zal hij aan zijn rechterhand zetten, maar de bokken aan zijn linkerhand. En hij zal voor eeuwig als koning over het huis van Abraham, Isaak en Jacobs nageslacht regeren en aan zijn koninkrijk zal geen einde zijn. Jezus is de Messias. Het Hebreeuws werkwoord ma.sjach betekent bestrijken. Ma.sjach, gezalfd of gezalfde. Dit betekent, gezalfd om zich van een speciale en bepaalde taak te kwijten. Het Griekse equivalent is Chri'tos of Christus.

Wat voorafging aan de bediening van Jezus Christus. Mattheus, Marcus en Lukas schreven over Jezus onder inspiratie van Gods geest. Lukas schrijfstijl over Jezus' geboorte verschilt van die van Mattheus, Marcus en Johannes. Dat voegt niks toe of af aan de uitnemendheid en de manier waarop zij schrijven. Het ging om de belangrijkste gebeurtenissen uit het leven van Jezus onze Herder, Redder en Bevrijder.

Jehovah heeft een belofte uitgesproken tegen de slang in Gen. 3: 16. En ik zal vijandschap stichten tussen jou en de vrouw en tussen jouw nageslacht en haar nageslacht. Hij zal jou de kop verbrijzelen en jij zult hem in de hiel treffen. Deze profetie omvat het beloofde zaad Jezus en Gods Soevereiniteit.

In Psalm 89 staa: "Wie kan aan Jehovah gelijk zijn onder de zonen van God. God dient met ontzag gehouden te worden in de intieme groep van heiligen. Hij is groots en vrees inboezemend boven allen die rondom hem zijn." Mattheus, begint met: "Het boek van de geschiedenis van Jezus Christus de zoon van David; de zoon van Abraham; Abraham werd de vader van Isaak; Isaak werd de vader van Jakob; Jakob werd de vader van Juda en zijn broers; Juda werd de vader van Perez en Zera, die uit Tamar werden geboren; Perez werd de vader van Hezron; Hezron werd de vader van Ram; Ram werd de vader van Amminadab; Amminadab werd de vader van Nahesson; Nahesson werd de vader van Salmon; Salmon werd de vader van Boaz, die uit Rachab werd geboren; Boaz werd de vader van Obed, die uit Ruth werd geboren; Salomo werd de vader van Rehabeam; Rehabeam werd de vader van Abbia; Abbia werd de vader van Asa; Asa werd de vader van Josafat; Josafat werd de vader van Joram; Joram werd de vader van Uzzia; Uzzia werd de vader van Jotham; Jotham werd de vader van Achaz; Achaz werd de vader van Hizkia; Hizkia werd de vader van Mannasse; Manasse werd de vader van Amon; Amon werd de vader van Josja; Josja werd de vader van Jehonja en zijn boers ten tijde van de wegvoering naar Babylon. Na de wegvoering naar Babylon werd Jechonja de vader van Sealthiël; Sealthiël werd de vader van Zerubabel;

Zerubabel werd de vader van Abiud; Abiud werd de vader van Eljakim; Eljakim werd de vader van Azor; Azor werd de vader van Zadok; Zadok werd de vader van Achim; Achim werd de vader van Eliud; Eliud werd de vader van Eleazer; Eleazer werd de vader van Matthan; Matthan werd de vader van Jakob; Jakob werd de vader van Jozef, de man van Maria, uit wie Jezus werd geboren, die Christus wordt genoemd. Van alle geslachten dan van Abraham af geteld was David de veertiende man in de afstammingslijn, tot de wegvoering naar Babylon; veertien geslachten en van David tot de wegvoering naar Babylon; veertien geslachten en van de wegvoering naar Babylon tot de Christus veertien geslachten. De geboorte van Jezus (niet iedereen leest de Bijbel) Christus geschiedde aldus. Terwijl zijn moeder Maria aan Jozef ten huwelijk beloofd was, bleek zij voordat zij verenigd waren, zwanger te zijn door de heilige geest. Daar Jozef haar man echter rechtvaardig was en haar niet in het openbaar tentoon wilde stellen, was hij van plan in het geheim van haar te scheiden. Doch nadat hij deze dingen had overdacht, zie daar verscheen hem Jehovah's engel in een droom en zei: "Jozef, zoon van David, wees niet bevreesd Maria uw vrouw mee naar huis te nemen, want wat in haar verwekt is, is door de heilige geest. Zij zal een zoon baren en zij zullen hem de naam Immanuël geven, hetgeen vertaald betekent: Met ons is God." Toen ontwaakte Jozef uit zijn slaap en deed zoals de engel van Jehovah hem had voorgeschreven en hij nam zijn vrouw mee naar huis. Hij had echter geen gemeenschap met haar totdat zij een zoon had gebaard en hij gaf hem de naam JEZUS.

Jezus werd in Betlehem in Judea geboren. De Keizer van het Romeinse Rijk Ceasar Augustus heeft in die dagen een verordening uitgegeven dat de gehele bewoonde aarde zich moest laten inschrijven. Alle mensen gingen naar hun geboortestad. *Dat was een lange reis voor een zwangere vrouw op een ezel, dacht ik, bij het horen van het verhaal over de tocht van Galilea, uit de stad Nazareth naar Judea, naar Davids stad Betlehem.*

Jezus ontsnapte aan een tiran Koning Herodes. In een droom aan Jozef van Jehovah's engel. Jozef en Maria moesten met Jezus vluchten omdat de koning van de Astrologen had gehoord dat er een Koning van de Joden is geboren. En dat deze zoon een bijzonder kind is, want ze hebben zijn ster gezien en brachten hem hulde. (Matth.1:1-12) Jozef en Maria vluchten van Bethlehem naar Egypte. Jezus jeugdjaren in Nazareth in Galilea. Ze woonden twee jaar in Egypte. Jezus had vier broers; Jakobus; Jozef; Simon; en Judas. En twee zussen. Het begin van het goede nieuws over Jezus Christus, de Zoon van de Allerhoogste God. Zoals geschreven staat in Jesaja, de profeet (Ik stuur mijn boodschapper voor je uit, Johannes de doper, die de weg voor je zal banen) *Jezus Christus kwam eraan.* In de woestijn roept een stem: "Maak de weg van Jehovah vrij! Maak zijn paden recht." Johannes de Doper was in de woestijn en predikte tot mensen: laat je dopen als symbool van berouw om vergeving van zonden te krijgen. Heel Judea en alle inwoners van Jeruzalem gingen naar hem toe, ze lieten zich door hem in de rivier de Jordaan dopen en bekenden openlijk hun zonden. Johannes droeg kleren van kameelhaar en had een leren gordel om zijn middel. Hij at sprinkhanen en wilde honing. Hij predikte: "Na mij komt iemand die sterker is dan ik. Ik ben het niet eens waard me te bukken om de riem van zijn sandalen los te maken. Ik heb jullie gedoopt met water, maar hij zal jullie dopen met heilige geest." (Hand.2:1-47) De profetie van het wonder, de uitstorting van de Heilige geest van Jezus volgelingen met Pinksteren na hemelvaart. (Hand.2:17) God werkt en spreekt via de Heilige geest met mensen. Een belangrijke gebeurtenis in de prediking van het Goede Nieuws van het Koninkrijk. (Hand.2:1-47) In de loop van die dagen kwam Jezus uit Nazareth in Galilea, en werd door Johannes in de Jordaan gedoopt. Zodra hij uit het water omhoogkwam, zag hij dat de hemel geopend werd en dat de geest als een duif op hem neerdaalde. Een duif werd in die tijd als heilig slachtoffer gebruikt. Ook klonk er een stem uit de hemel: "Jij bent mijn geliefde Zoon. Ik heb je goedgekeurd." (Mark.1:11) (Mark.9:7) (Joh.12: 28) De stem van God kwam rechtstreeks uit de hemel. *God spreekt via heilige geest en werkt in deze tijd met mensen ongemerkt. Dit is ook het bewijs dat iedere mens rechtstreeks door God is geschapen.* Onmiddellijk zette de geest hem ertoe aan naar de woestijn te gaan. Waar hij 40 dagen bleef. In de woestijn werd hij door Satan op de proef gesteld en verbleef hij tussen de wilde dieren, maar de engelen waren hem van dienst. Nadat Johannes gevangen was genomen, ging Jezus naar Galilea. Hij predikte daar het Goede nieuws van God, de Almachtige, de maker van hemel en aarde. En zei: "De vastgestelde tijd is aangebroken en Gods Koninkrijk is nabij. Heb berouw en heb geloof in het Goede Nieuws." Terwijl hij langs het Meer van Galilea liep, zag hij Simon en zijn broer Andreas hun netten in het meer uitgooien. Het waren vissers. Jezus zei tegen ze: "Kom, volg me, dan zal ik van jullie vissers van mensen maken." Verderop zag hij Jakobus, de zoon van Zebedeus en zijn broer Johannes, die in hun boot bezig waren hun netten te repareren. Meteen riep hij hen. Ze lieten hun vader Zebedeüs met de loonarbeiders in de boot achter en volgden hem. Daarna gingen ze Kapernaüm in. Na een of twee dagen na de keuze van de eerste discipelen keren Jezus en de discipelen naar het district Galilea, waar ze vandaan komen. In de plaats Kana, woonplaats van Nathaniel niet ver van Nazareth, zijn ze uitgenodigd op een bruiloft. Maria de moeder van Jezus merkt op dat er gebrek is aan wijn en zegt tegen Jezus: "Ze hebben geen wijn." Wat heb ik met u te maken, zegt Jezus. "Mijn uur is nog niet gekomen." Er stonden zes waterkruiken die ruim zes liter konden bevatten. Maria zei tegen de bedienden: "Wat hij ook zegt, doet dat. Jezus zei tot hen: "Vul de waterkruiken met water tot de rand. Schep er nu wat uit en brengt het naar de feestleider." De feestleider is onder de indruk, maar wist niet dat de bedienden de kruiken met water hadden gevuld. Hij roept de bruidegom en zegt hem. Ieder ander mens zet eerst de voortreffelijke wijn voor en wanneer men dronken is, de mindere. Gij hebt de voortreffelijke tot nu toe bewaard. Dit is het eerste wonder, dat Jezus heeft verricht. Als de discipelen het zien versterkt het hun geloof. Daarna reisden zij naar Jezus zijn broer en moeder naar Kapernaum, een stad aan de zee van Galilea. In Kana verricht Jezus nog een tweede wonder. Zijn eerste zes discipelen keren naar huis, familie en hun vroege bezigheden. De andere vijf koos hij op zijn predikingstochten bij de Olijfberg. Jezus begint de boodschap van het Koninkrijk Gods dat luidt: "HET KONINKRIJK GODS IS NABIJGEKOMEN. HEBT BEROUW EN STELT GELOOF IN HET GOEDE NIEUWS." Jezus heeft heel veel tekenen en wonderen verricht. Zodra het Sabat was, ging hij de synagoge in en begon te onderwijzen, want hij onderwees met gezag, en niet zoals de schriftgeleerden. Er was op dat moment een man in de synagoge die in de macht was van een onreine geest. Hij schreeuwde: "Wat hebben we met jou te maken, Jezus de Nazarener? Ben je gekomen om ons te vernietigen? Ik weet precies wie je bent: De Heilige van God!" Jezus sprak de geest bestraffend toe en zei: "Zwijg en ga uit hem weg!" De onreine geest liet de man stuiptrekken, schreeuwde luid en verliet hem. De mensen waren allemaal zo verbaasd dat ze tegen elkaar zeiden: "Wat is dit?" "Een nieuwe leer!" Hij heeft zelfs gezag over onreine geesten en ze gehoorzamen zijn bevelen. Het nieuws over hem verbreidde zich heel snel over heel Galilea. Daarna verlieten ze de synagoge en gingen naar het huis van Simon en Andreas, samen met Jakobus en Johannes. Simons moeder lag met koorts op bed. Ze vertelden hem meteen over haar. Hij ging naar haar toe, pakte haar bij de hand en hielp haar overeind. De koorts verdween en hij Jezus ging hen bedienen. 's Avonds na zonsondergang, werden alle mensen die ziek of door demonen bezeten waren bij hem gebracht. De hele stad had zich voor de deur verzameld. Hij genas veel mensen van allerlei ziekten en dreef veel demonen uit. Maar hij stond de demonen niet toe iets te zeggen, omdat ze wisten dat hij Christus was. Vroeg in de morgen toen het nog donker was, stond hij op en ging naar buiten, naar een afgelegen plaats. Daar ging hij bidden. Maar Simon en de anderen die bij hem waren, gingen naar hem op zoek en vonden hem. Ze zeiden tegen hem: "Iedereen zoekt je!" Maar hij zei: "Laten we ergens anders naartoe gaan, naar de dorpen in de buurt, zodat ik ook daar kan prediken, want daarvoor ben ik gekomen." Hij ging op weg en predikte in de synagogen in heel Galilea en dreef de demonen uit. Er kwam ook een melaatse naar hem toe, die zelfs op zijn knieën viel en hem smeekte: "Als u het alleen maar wilt, kunt u me rein maken. Jezus had medelijden met hem, stak zijn hand uit, raakte hem aan en zei: "Ik wil het! Word rein!" Onmiddellijk verdween zijn melaatsheid, en hij werd rein. Jezus stuurde hem meteen weg met de duidelijke waarschuwing: "Denk erom dat je het aan niemand vertelt, maar ga je aan de priester laten zien en breng het offer voor je reiniging dat Mozes heeft voorgeschreven."(Lev.14:2-32) Maar eenmaal vertrokken ging de man het verhaal overal breeduit rondvertellen, zodat Jezus niet meer openlijk een stad kon binnengaan. Daarom bleef hij op afgelegen plaatsen buiten de steden. Toch bleven de mensen van alle kanten naar hem toekomen. (Mark.1:1-45) De grootste mens die ooit heeft geleefd. De zoon van God is het middel tot redding. We moeten ons aan hem vasthouden voor onderwijs en redding.

God wil mij zegenen, waarmee? Daar heb ik veel ervaringen over gehad in het jaar 2017. Het heiligste en het belangrijkste was in de Westerkerk toen via de heilige geest, de kracht van Jezus mij iets liet zien… Ik had de geest van God. Wanneer iemand zich doopt, komt de Heilige geest van God door de persoon heen en dat is een gevoel dat niet te beschrijven is zo prachtig en mooi. Ik zou het wel vaker willen meemaken, zo mooi werkt de heilige geest.

Ik moest iets voor God doen daar. Ik moest de tekst uit Mattheüs 21:13 uitroepen. Op de trap in de kerk staan en over de kooplieden en geldwisselaars, die de tempel van God tot een rovershol maakten uitschreeuwen. Jezus zei tegen hen: "Mijn huis zal een huis van gebed worden genoemd, maar jullie maken er een rovershol van."

En hij liet mij ook zien hoe hij over de stad uitkeek en bang was, of is, voor de dingen die er gebeuren. Ik moest mij in de toren verstoppen van hem voor *de duivel*. Jezus weet waarom? Nu lopen veel kerken leeg en worden omgebouwd tot woningen en recreatiegelegenheden. Misschien is het een idee om een gedeelte van de gebouwen in te richten als gebedshuis, ten gunste van de prediking van het goede nieuws van het koninkrijk der hemelen, dan gaat er niet zo veel verloren van de prediking van het Koninkrijk van de Allerhoogste Jehovah en zoon Jezus Christus. Deze wereld heeft het echt nodig. Wat is het toch mooi als iedereen liefdevol met elkaar omgaat en te vertrouwen is. Gezinnen zijn de basis van de hoeksteen van de samenleving. Wij mensen hebben God nodig. Jehovah is redding. Jezus leerde zijn discipelen bidden om de komst van het koninkrijk. Het is niet Gods wil dat er in de wereld verschrikkelijke toestanden plaatsvinden. Gods koninkrijk is de enige echte regering die in de hemel is opgericht en alles recht kan zetten.

Het zal Vrede brengen.

Meester, wat is het belangrijkste gebod in de wet? Vroegen de discipelen. Hij antwoordde: "Je moet Jehovah je God liefhebben met je hele hart, je hele ziel en je hele verstand. Dat is het eerste en belangrijkste gebod. Het tweede, daarmee vergelijkbaar is: je moet je naaste liefhebben als jezelf." (Matth 22:36-39)

In Jezus aanwezigheid schrijf ik dit gedeelte over zijn laatste dagen.

Ik heb gezien dat het niet zo prettig is om te lijden. Jezus heeft veel geleden. Met een goed doel voor ons. Ik heb te veel geleden en voel mijn geest weggaan, omdat ik te veel liefde van me heb weggegeven aan personen die het niet verdienen en in de plaats daarvan mijn geluk verstoren. Ik vind dat het te lang heeft geduurd en het moet stoppen, want mijn leven is niet wat het moet zijn. Ik heb tot God gebeden en gevraagd om het leed te stoppen Dat mijn familie door intreders naar hun hand wordt gezet. Terwijl wij God liefhebben. Ben een prooi geweest, waarop gejaagd wordt. Iedere nacht staat die dominee die mensen doodt op mijn stoep met zijn geestelijk gestoorde devoda; een demon, om mijn Goddelijke geest te irriteren. Wij zijn mensen die liefdevol met mensen omgaan en tegenwoordig erg moeten oppassen met mensen die doen alsof ze het goed met ons voor hebben. Ik stond vanochtend op en zag Gods geest die troostte. Ik zat buiten te schrijven en zag bij de overburen iets weglopen. Het is hetzelfde ding dat in Paramaribo in de buurt van het huis van een politieagent wegliep. Iemand is bang. Niemand moet aan mij zitten. Dat voel ik, net zoals Jezus dat voelde toen een vrouw zijn kleed had aangeraakt, dat menstrueerde. Ik wil niet dat zij mij vervloeken, want het is een geest van God. Het is alsof een kracht van mij weg is. Dat is de reden dat die gekke dominee met een pistool in zijn zak, , die een demon is,in mijn huis wilde komen stelen van mijn heilige dingen en vaak is binnengedrongen, het is een duivel.

Een buurmeisje die een oogje op mijn deur hield en buitenspeelde, zag dat die man aan mijn deur stond en vroeg aan hem; "Wat doet u daar?"

Jezus laatste verschijningen met Pinksteren en verschijningen in deze tijd.

In zijn bijeenkomst bij een hoge berg in Galilea van ongeveer 500 mensen verschijnt Jezus. Jezus legt de menigte uit, dat hij alle autoriteit in de hemel en op aarde heeft gekregen van Jehovah. Gaat daarom en maakt discipelen van mensen uit alle natiën, hen dopende in de naam van de Vader en van de Zoon en van de Heilige geest en leert hen onderhouden alles wat ik u geboden heb. Jezus zei ook: "Ziet, ik ben met u alle dagen tot het besluit van het samenstel van dingen. Door middel van de heilige geest blijft Jezus bij zijn volgelingen. Om hen te helpen zijn bediening te volbrengen. De heilige geest zegt: "Zie toe op mij."

Na zijn opstanding vertoont Jezus zich in veertig dagen aan zijn discipelen in levenden lijve. Dit is het teken dat het wel degelijk mogelijk is dat mensen in deze tijd Jezusverschijningen kunnen zien. Jezus beklemtoont het prediken van het Koninkrijk der hemelen aan zijn discipelen: de belangrijkheid van het Koninkrijk der hemelen. In deze tijd gaan Jehovah's getuigen twee aan twee getuigen zoals de discipelen werden uitgestuurd. De Here Jezus Christus verschijnt aan zijn broer Jakobus, een ongelovige; dat hij inderdaad in levende lijve aan hem is verschenen en inderdaad de Christus is: de gezalfde met een speciale opdracht.

Pinksteren.

Jezus Christus draagt zijn discipelen op naar Jeruzalem terug te keren. Hij zei: "Johannes doopte met water, maar gij zult niet vele dagen hierna in heilige geest worden gedoopt."

Tot aan Bethanië leidt Jezus hen uit Galilea, dat op de oostelijke helling van de Olijfberg ligt. De discipelen geloven ondanks het onderwijs dat Jezus gaf dat zijn Koninkrijk op aarde opgericht zal worden. Zij vragen: "Here, herstelt Gij in deze tijd het Koninkrijk voor Israël?"

Jezus antwoordt: "Het komt u niet toe kennis te verkrijgen van de tijden of tijdperken die de Vader onder zijn eigen rechtsmacht heeft gesteld." Hij legt de nadruk op het werk dat zij moeten verrichten. Gij zult kracht ontvangen, wanneer de heilige geest op u gekomen is en Gij zult getuigen van mij zijn zowel in Jeruzalem als in geheel Judea en Samaria en tot de verst verwijderde streek der aarde! In een wolk begint Jezus op te stijgen naar de hemel ten aanschouwen van de elf discipelen en onttrekt zich aan hun gezicht. Nadat hij zijn vleselijk lichaam heeft gedematerialiseerd stijgt hij als een geestelijk schepsel naar de hemel op. Als de elf met gespannen aandacht in de lucht blijven kijken, verschijnen twee mensen in witte klederen bij hen. Deze gematerialiseerde engelen vragen: "Mannen van Galilea, waarom staat gij in de lucht te kijken? Deze Jezus die van u werd opgenomen in de lucht, zal aldus op dezelfde wijze komen als Gij hem in de lucht, hebt zien gaan." De wijze waarop Jezus zojuist de aarde heeft verlaten, is zonder openbaar vertoon geweest met alleen zijn getrouwe volgelingen als toeschouwers. Hij zal dus op dezelfde wijze terugkomen zonder openbaar vertoon, terwijl alleen zijn getrouwe volgelingen onderscheiden dat zijn koninkrijksmacht is begonnen. En wanneer? Jehovah's getuigen kunnen door middel van de schrift en de heilige geest de profetieën die in de Bijbel voorkomen in de Wachttoren en Ontwaakt door goed Bijbelonderzoek door professionele onderzoekers uitleggen. De informatie in deze tijdschriften is betrouwbaar en het werk van Jezus wordt op deze manier onder andere voortgezet. Door prediking in de velddienst en allerlei vormen via Congressen, Kringvergaderingen, Velddienstbijeenkomsten, Dienstvergaderingen ten behoeve van de Theocratie, bijeenkomsten in de Koninkrijkszalen voor het bestuderen van de Wachttoren waarbij de profetieën op de juiste wijze en passend bij de situatie in de tijd. Heel erg duidelijk aanwezig is de tegenwoordigheid van de Christus. Het is het beste om naar Jezus te luisteren wanneer het gaat om het woord van Jehovah; dat hij veroorzaakt te worden en niet de mens. Jehovah's Wil Geschiede. Het ligt niet aan de mens zijn weg te bepalen. Tegenwoordig verschijnt Jezus ook aan mensen in uitzonderlijke gevallen. Dat wil niet zeggen dat hij niet aanwezig is. Hij houdt van mensen en vooral van kinderen. Het is leuk om met kinderen te praten over God. Het is mij opgevallen dat niet alle kinderen daarvoor openstaan en dat sommigen elkaar corrigeren. Zo is het in mijn beroep als leerkracht wel eens voorgekomen dat kinderen negatief reageerden over Gods woord en als je ouders boos op je af ziet komen, snap je waarom. De Antichrist? Ik wist toen, dat ik op een dag hierover zou schrijven, maar wist niet wanneer. Ieder zijn eigen keus en vrije wil. Iedereen houdt van God, maar ze weten het niet. Hij heeft de natuur met zijn prachtige bomen, bossen, de wind en het geluid van de wind in het bos bijvoorbeeld door de bomen, bloemen en planten, en dieren, vogels en vissen, zeeën, waterbronnen, de Zon bijvoorbeeld, geschapen om ons te warmen.

Tien dagen later op het Joodse Pinksterfeest in 33 G, terwijl ongeveer 120 van de discipelen in een bovenkamer in Jeruzalem bijeen zijn, vult plotseling een gedruis als van een voortgestuwde, stevige bries het gehele huis. Er worden tongen als van vuur zichtbaar en op ieder van de aanwezigen zet zich er een, en discipelen beginnen, allen in verschillende talen te spreken. De door Jezus beloofde uitstorting van de heilige geest. Jezus gaf zijn discipelen een modelgebed om te bidden voor het koninkrijk der hemelen. (Matth.6:9-13) Het koninkrijk was het thema van Jezus prediking. (Luk.4:43) Maar hij zei tegen hen. Ik moet ook in andere steden het Goede nieuws van Gods Koninkrijk bekendmaken, want daarvoor ben ik gestuurd. Het werk moet tegenwoordig door ons mensen worden gedaan over de hele wereld en dan zal het einde komen. Jehovah's volk is de organisatie die gelukkiger dan ooit tevoren is en het werk van Jezus zal voortzetten, door de prediking van het Goede nieuws van het koninkrijk der hemelen. En een volk waar liefde nooit faalt. Je kunt er altijd naar toe, net zoals je altijd naar het huis van je moeder kunt gaan. De liefde van God is groot. Hij geeft ons zijn liefde. Jezus onderwees zijn discipelen zoals in het Bijbelboek Mattheüs richtlijnen voor het gebed heeft gegeven, door zijn discipelen te onderwijzen. In het Bijbelboek Mattheüs 6 staat: "Maar als jij bidt, ga dan naar je binnenkamer, doe de deur dicht en bid tot je Vader, die niet gezien wordt. Dan zal je vader die ongezien toekijkt, je ervoor belonen. Zeg tijdens het bidden niet steeds dezelfde dingen zoals de heidenen doen, want zij denken dat hun gebeden verhoord zullen worden als ze maar veel woorden gebruiken. Wees niet zoals zij, want je Vader weet al wat je nodig hebt voordat je hem erom vraagt.

Bid dus op deze manier:

Onze vader in de hemelen
Uw naam worde geheiligd
Uw koninkrijk kome uw wil geschiede
In de hemel en op aarde.
Geef ons heden ons dagelijks brood
En vergeef ons onze schulden
Zoals ook wij onze schuldenaars hebben vergeven
En breng ons niet in verzoeking
Maar bevrijd ons van de goddeloze"

In de Nieuwe Wereld Vertaling van de Heilige Schrift van de Watch Tower Bible And Tract Society Of Pennsylvania, is niets toegevoegd zoals sommige Bijbelvertalingen het hebben gedaan, in het modelgebed van Jezus. Dit gedeelte is uit de Nieuwe Wereld Vertaling van de Heilige Schrift 2004 gehaald. Andere Bijbelvertalingen voegen bijvoorbeeld toe vanaf vers 13, "maar bevrijd mij van de goddeloze. Want uw is het koninkrijk en de kracht en de heerlijkheid in der eeuwigheid, Amen".

De Bijbel is oorspronkelijk geschreven in het oude Hebreeuws, Aramees en Grieks.

De kracht van het gebed.

Het onze-vader-gebed heeft net als alle woorden in de Bijbel kracht. Ik heb in Amsterdam een jaar lang en daarna nog vaker het gebed rondgedeeld en gebracht. Vaak genoeg merkte ik op, dat mensen het mooi vinden. Ik merkte ook op dat ze iedere keer, de kracht van God, de heilige geest ontvingen, wanneer ik het gaf.

Wie kan het zich herinneren in Amsterdam op 1 juli 2013 bij de viering van de afschaffing van de slavernij? Ik had een paarse koto, Surinaamse klederdracht, aan en gaf het gebed aan veel mensen. Honderden mensen in Amsterdam en in Suriname hebben zo'n gebed gehad. Ik deelde het uit, omdat ik behoefte had aan hulp en alleen in de strijd stond. De strijd tegen onrechtvaardigheid. Mijn leven werd structureel jarenlang vernietigd door mensen. Ik zocht naar gerechtigheid en soms gaf ik het gebed aan jongeren, diegenen waarvan ik voelde dat ze gecoacht moesten worden, om bijvoorbeeld niet te roken. Gelukkig luisterden ze naar mij en er was altijd een bij die de anderen corrigeerde. Ik leerde in die tijd ook van mensen die mij vertelden hoe zij in God geloofden, in gebed gaan om kracht te putten uit gebed. Gebed tot God is cruciaal om iets te bereiken. Een voorbeeld van een hele lieve vriendin. Zij vertelde mij hoe het komt dat ze een kind kreeg. Zij bad elke dag en verzocht om een kind in haar leven en God gaf een bijzonder kind. Kinderen zijn een erfdeel van God. Ik houd ook van kinderen en vind het leuk om ze te zien opgroeien. Ik heb ontdekt dat bij elke levensfase van een opgroeiend kind kwaliteiten te zien zijn. Bijvoorbeeld in welke ontwikkelingsfase een kind zit en welke talenten ze op dat moment kunnen beginnen te ontwikkelen. Ik had een poos toen ik in het onderwijs nog werkte, een bureau willen oprichten om ouders en hun kinderen te coachen. Iemand heeft eens deze kwaliteiten in mij ook genoemd. Dat is een engel van mij die het vertelde. Ik ontving een youtube filmpje van een vriend via Watchapp . In het filmpje zag ik de kracht van God sterk tot uiting komen bij een meisje van Indiase afkomst. Ze heeft heilige geest en was als het ware aan het prediken. Een stem van de engel van God, zo sterk waren haar woorden. Net een volwassen predikant sprak ze. Ik hoop dat ik lang genoeg leef om haar eens te zien prediken of iets dergelijks. Ze zei: "Wanneer je voelt, alsof je ziek bent en het op wilt geven, door welke omstandigheden maar ook. Geef het niet op: het is NIET Waar, Pray in the Spirit. The Word of God is our Sword." Ze zei: "I AM GONNA PRAY FOR YOU. (Tot twee keer toe.) en met nadruk "I AM GONNA PRAY FOR YOU: FATHER IN THE NAME OF JESUS." Enzovoort. Ze zat achter de Piano en zong HALLELUJA OUR GOD RAINS (2x) FOREVER OUR GOD RAINS, HALLELUJA. Op dat moment had ik het moeilijk en door dat filmpje liet God zien hoe Jezus en de Engelen mij steeds weer zoveel kracht geven om het niet op te geven, maar door te gaan. Dat was de engel van God. Dat meisje zou ik eens willen ontmoeten en bedanken voor de mooie woorden en de Engel die haar ziet. Ze was een meisje van nog geen 10 jaar oud. Na de dood van mijn moeder zijn een paar slechte mensen erachter gekomen wie ik ben. Gods kracht woont in mij. Ze probeerden op allerlei mogelijke manieren ons te beïnvloeden met hun rituelen en spreuken, alsof je daarop zit te wachten. Ik begrijp niet waarom mensen Jehovah's wil willen ondermijnen. Door mijn leven te hinderen en alle geschenken die ik van God ontvang te hinderen. Een oordeelsdag komt voor hen. God maakt gelukkig. Gods woord geeft uitkomst kracht en bescherming, liefde en, most of all, zegeningen.

- Onze Vader in de hemel

Jehovah heeft ons gemaakt en mag alles van ons verwachten en doen wat hij zelf wil. Hij is SOEVEREIN.

- Uw naam worde geheiligd

In dit gebed wordt Jehovah's naam geheiligd. Jehovah wordt in dit gebed onze Vader genoemd. Jehovah's naam is een sterke toren. Bij het noemen van zijn naam treedt de rechtvaardige binnen. God is rechtvaardig en biedt bescherming.

Ik heb ervaren hoe dit gebed demonen wegneemt. Een vrouw werd rustig toen ik voor haar bad. Zij werd steeds lastiggevallen door een entiteit en werd rustig. Dat deed me goed. Het gebed omvat ook het toekomstige Koninkrijk der hemelen. Het koninkrijk is een regering, die vanuit de hemel zal regeren, zoals in Daniel 2:44 is geprofeteerd. Aan het koninkrijk zal geen einde komen. Jehovah's wil geschiede. Het Koninkrijk van de wereld is het koninkrijk van onze Heer en van zijn Christus geworden en hij zal voor altijd en eeuwig als koning regeren. En in Jesaja 9:6 "Een zoon is ons gegeven; en de vorstelijke heerschappij zal op zijn schouder komen." Jezus Christus en de 144.000 mederegeerders vergeven mensen. Jezus Christus regeert nu in de hemel en op aarde.

- Ons dagelijks brood.

Ik heb vandaag brood gegeten en dat is voldoende om de hele dag van te leven. Brood houdt ons in leven. Ik had een paar dagen geldgebrek op vakantie in Curaçao. Moest een paar dagen van een heel brood leven en dat lukte, dat kwam door

Gods heilige geest. Zo ook mocht ik door de geest van God zonder eten met een fles water van een halve liter vier dagen overleven in Atlanta Georgia. Ontberingen, omdat ik het kon. Kreeg van een geestelijke tien dollar, die zei: *"God tells me to give it to you for food."* En hoefde nergens voor het eten te betalen. Op een wonderbare wijze kreeg ik alles gratis. Moest tot ik terug was in Lelystad in mijn handen houden. Moest er mijn man of vriend en twee kinderen mee zegenen. Op brood en water leven is mogelijk in tijd van nood. Het ware brood uit de hemel. "Niet Mozes heeft u het brood uit de hemel gegeven, maar mijn Vader geeft u het ware brood uit de hemel. Want het brood van God is degene die uit de hemel neerdaalt en leven aan de wereld geeft." Jezus laat door deze woorden zien wie de Bron van wonderbare voorzieningen is, door deze woorden te zeggen. Jezus zegt dat hij het brood des levens is, die uit de hemel is neergedaald en leven aan de wereld geeft. Wie tot mij komt zal geen honger meer krijgen, en wie in mij geloof oefent, zal nooit meer dorst krijgen. Al wat de Vader mij geeft, zal tot mij komen en wie tot mij komt, zal ik geenszins verdrijven; want ik ben niet uit de hemel neergedaald om mijn wil te doen, maar de wil van hem die mij heeft gezonden. Dit is de wil van hem die mij heeft gezonden, dat ik niets van al wat hij mij heeft gegeven, verloren laat gaan, maar dat ik het op de laatste dag uit de dood opwek. Want dit is de wil van mijn Vader, dat een ieder die de Zoon aanschouwt en geloof in hem oefent, eeuwig leven moge hebben.

Ik schrijf over Légène Alwien Zeefuik, beter bekend als Blow Fly. Hij zou nooit toelaten, dat ons iets overkomt. Ik zie zegeningen van hem in zijn zoon en helpt hem door heilige geest. Légène is goed voor mensen geweest. Daarom zal niemand zijn kinderen of zoon iets ongestraft kunnen aandoen. De engelen strijden in de hemel, want wij zijn door God gezegend. Er zijn mensen die zich te veel bemoeien met wat God mij heeft gegeven. Het is niet hun zegen en ze moeten ervan af blijven. Légène en zijn zoon lijken als twee druppels water op elkaar. Liefdevol en Rechtvaardig, Sterk en Intelligent en ik vind het jammer dat ik niet meer van zulke kinderen heb gehad. Hetzelfde geldt ook voor mijn dochter. Een geschenk van God. Na 16 jaar gaf God mij haar. Soms denk ik bij mezelf: ik kan van deze kinderen veel leren. Zo geduldig en goed. Een rechter in de hemel is Légène, zo noem ik hem en bid dat hij voortleeft in een of andere vorm. Een strijder voor rechtvaardigheid. Ik herinner mij toen wij samenwoonden aan de Reguliersdwarsstraat in Amsterdam. Beneden is of was een bar. Feestgangers stonden te kijken hoe iemand in elkaar geschopt en geslagen werd. Hij zei niks tegen mij, want hij hoorde het en keek naar beneden via het balkon, liep heel boos de trap naar beneden af, hielp die man zonder blikken of blozen af van die persoon die het deed. Hij was een man die nergens voor terugdeinst, kon niet tegen onrechtvaardigheid een Petjak Sielat-sporter en werd boos op een ieder die daar stond te kijken en gaf hen ervan langs. Vanaf die dag mocht hij gratis alles hebben in dat Café daar beneden Zie het al voor me: een man die nergens bang voor was. Vandaag dacht ik, hé, wat dom van mij dat ik niet meer zonen heb, dan was mijn zoon niet alleen, want dan denk ik aan de keren dat hij het goed wilde maken. Dan was ik een Diva. Net als vroeger toen iedereen mij aanstaarde en ik zijn allerliefste was en hij een bekende figuur was en alle vrouwen hem wilden veroveren. Ik ben daardoor zoveel kwijtgeraakt. Ik vind dat heel erg nu. Vaak wanneer ik in de tram zit en die rijdt langs de straat dan kijk ik naar het balkon, dat eerst van hout was en wankel, en ik doodsbang, angstig mijn zoon in de gaten moest houden daardoor en dat niet zo prettig vond. Nu is het balkon van ijzer gemaakt. Het is ook zo dat ik veel geleerd heb, hoe een man zijn vrouw en kinderen moet liefhebben. Hij hield zoveel van mij en zijn zoon en zijn beste vriend die hem elk jaar nog herdenkt in Rotterdam bij Radio Stanvaste. Dat was een groot mens die van ons weggerukt is. Iedereen was er kapot van. Zijn vriend weet niet dat hij geïnspireerd wordt door zijn heilige geest. Dan weet hij het nu, wanneer hij dit leest. Want dat is waar. Samen met de Here Jezus Christus strijden de Engelen in de hemel voor ons welzijn. Ik bid tot God dat mensen leren om van de gaven en bezittingen van anderen af te blijven. Van de liefde die God hen geeft. Van de liefde die zij zelf hebben. Van de rijkdom. Van de geschenken die de Here Jezus mij geeft en heeft gegeven. Van mijn kinderen waar ik zielsveel van houd. Van mijn broers en zussen waar ik ook zielsveel van houd. Van mijn familieleden. Van mijn geld. Van mijn vrienden. Van mijn studies. Van mijn manuscripten. Van mijn Bijbels. Van mijn huis en huisraad. Van mijn plannen. BIG IDEAS. Van mijn man. Van mijn liefdesleven. Van mijn heilige geest en BOVENAL van mijn LICHAAM. Ik houd mijn lichaam rein en schoon en wil graag iemand die dat ook is. Rein van ziel en geest. Geen drugs, alcohol of iets dergelijks, wat het lichaam onrein maakt. Dat is niet goed voor de geest.

• Vergeef ons onze schulden.
•

Het Onze-vader-gebed heeft zo een daadwerkelijke GODDELIJKE kracht gehad, toen de vader van mijn zoon op zijn knieën bad, omdat ik hysterisch was, omdat we niet meer konden trouwen. Hij heeft een besluit moeten nemen, omdat ik geen respect toonde voor de moeite die hij had gedaan om ons gelukkig te maken. Hij was mijn geluk. Maar ik zag het niet goed in en daar komt nog bij dat ik erachter kwam dat er veel ongevraagd op ons afkwam. Waarom? Ik was heel erg brutaal, omdat ik niet gelukkig was. Ik was erg jong en onervaren in het leven. Wij moesten niet uit elkaar en toch kwam er iets tussen. Ik moest luisteren naar mijn man. Ik heb ook begrepen dat er iets is gezet in mijn geest toen. Ik geef niemand de schuld maar het is waar. Vooral nu heb ik dit gebed nodig, omdat ik er alleen voor sta om deze taak, die van God afkomstig is uit te voeren. Ik moet bidden voor mijn twee kinderen. Ik kan de Duivel vernietigen, want hij hindert ons opzettelijk. Ik vergeef zonder moeite. En laat het oordeel aan God over of ze het verdienen. Houden ze op of niet? We zijn onvolmaakt en vergeven elkaar. Het beste is met de juiste mensen om te gaan in dit leven. Een signaal voor mij toen, maar begreep het niet. Iedereen denkt aan zichzelf.

WAT IS HET KONINKRIJK VAN GOD?

Het koninkrijk der hemelen.

Gods koninkrijk is een echte regering, die door Jehovah is opgericht en vanuit de hemel zal regeren, zoals in Daniel 2:44 is geprofeteerd. Aan het koninkrijk zal geen einde komen. Jehovah's wil geschiedde. Het koninkrijk van de wereld is het koninkrijk van onze Heer en van zijn Christus geworden en hij zal voor eeuwig als koning regeren. Het koninkrijk wordt ook wel het koninkrijk der hemelen genoemd, omdat het vanuit de hemel regeert.

Gods hemelse regering regeert met Jezus Christus als koning aan de rechterhand van God. Het zal Vrede brengen in een nieuw Paradijs op aarde. De rechtvaardige strijdt, wordt gestreden door Jezus Christus.

"Een zoon is ons gegeven; en de vorstelijke heerschappij zal op zijn schouder komen." Jezus Christus en de 144.000 mederegeerders, als koningen, veroordelen mensen. Jezus Christus regeert in de hemel en op aarde. (Jes.9: 6)

Ik houd van Jehovah, want hij hoort mijn stem, mijn hulpgeroep (Ps.116:1) Zo is ook de mensenzoon niet gekomen om gediend te worden, maar om te dienen. Ik zag de hemel geopend en er was een wit paard. Degene die erop zat, wordt Trouw en Waarachtig genoemd. Hij oordeelt en strijdt rechtvaardig. Zijn ogen zijn een vlammend vuur en op zijn hoofd heeft hij veel diademen. Hij heeft een geschreven naam die niemand kent, alleen hijzelf. Hij draagt kleding die met bloed bevlekt is. Zijn naam is: Het Woord van God. En de legers in de hemel volgden hem op witte paarden. Ze waren gekleed in wit, zuiver, fijn linnen. Uit zijn mond komt een scherp, lang zwaard om de volken neer te slaan. Hij zal ze hoeden met een ijzeren staf. Ook treedt hij de wijnpers van de razende woede van God de Almachtige. Op zijn kleding, op zijn dij, staat een naam geschreven: Koning der koningen en Heer der heren. (Openb.19:11-16)

Wat zal Gods Koninkrijk voor ons doen en wat heeft het al gedaan en daarna?

Het is niet Gods wil dat er in de wereld verschrikkelijke toestanden plaatsvinden. Gods koninkrijk is de enige echte regering die in de hemel is opgericht en alles recht kan zetten.

- Het koninkrijk van God zal voor ons strijden voor een nieuwe vredige wereld in de oorlog die Armageddon wordt genoemd in tegenwoordigheid van Jezus Christus. Wij leven in de tijd van Armageddon. Hoe weten we dat? Jezus heeft dit voorspeld. In het Bijbelboek van Openbaring lezen we hierover.

En er brak oorlog uit in de hemel: Michaël en zijn engelen vochten tegen de draak. De draak en zijn engelen vochten terug, maar ze werden verslagen en er was voor hen geen plaats meer in de hemel. De grote draak werd daarom neergeworpen, de oorspronkelijke slang, degene die Duivel en Satan wordt genoemd, die de hele bewoonde aarde misleidt. Hij werd neergeworpen naar de aarde en zijn engelen werden samen met hem neergeworpen. Ik hoorde een luide stem in de hemel zeggen:

Nu zijn de redding en de kracht en het Koninkrijk van onze God en de autoriteit van zijn Christus werkelijkheid geworden, want de beschuldiger van onze broeders, die hen dag en nacht voor onze God beschuldigt, is neergeworpen! Er was voor hen geen plaats meer in de hemel. (Openb.12:7,9)

Alleen op aarde kunnen ze invloed uitoefenen. Sinds 1914 kort na de tweede wereldoorlog is de toestand in de wereld slechter geworden. Gebeurtenissen en omstandigheden met opvallende kenmerken, die in de Bijbel zijn voorspeld, bijvoorbeeld in Daniël 12: 4; Mattheüs 24: 7; 12; 33; 37-38. 2. Lukas 21: 11. Timotheüs 3: 1-4,5 : 2 Petrus 3: 3,4. 2 Petrus 3: 3, 4.

Maar weet dat er in de laatste dagen zware tijden zullen aanbreken die moeilijk te do orstaan zijn. Want de mensen zullen alleen om zichzelf geven en **om geld.** Ze zullen verwaand zijn, arrogant, lasteraars, ongehoorzaam aan ouders, ondankbaar en ontrouw. Ze zullen geen natuurlijke genegenheid hebben, voor geen enkele overeenkomst openstaan en kwaadsprekers zijn. Ze zullen onbeheerst en wreed zijn en geen liefde voor het goede hebben. Ze zullen verraders zijn, roekeloos en opgeblazen van trots, met meer liefde voor genot dan liefde voor God. Ze zullen een schijn van vroomheid hebben, maar de kracht ervan niet blijken te bezitten. Keer je af van hen. (2 Tim. 3:1-5)

• Gods koninkrijk zal een eind maken aan valse religie.

Jehovah heeft tegenover mijn Heer verklaard: "Ga aan mijn rechterhand zitten totdat ik je vijanden aan je voeten leg als een voetenbank. Jehovah zal de scepter van je macht vanuit Sion uitstrekken en zeggen: "Ga, onderwerp te midden van je vijanden."(Psalm110:1,2) De Here Jezus Christus zal zijn vijanden definitief vernietigen en een einde maken aan valse religie en ons bevrijden van de aanvallen van Satan en zijn gemene handlangers."

God zal een einde maken aan valse religie. De Bijbel beeldt valse religie af als een hoer. Religies die leugens over God onderwijzen en het leven van mensen opzettelijk zwaar maken, door immorele handelingen, van hen stelen, onder valse voorwendselen inzamelen van collecten en het organiseren van activiteiten (geld en goederen). Ze zullen er niet meer zijn. Het zal onverwachts komen.

Gods koninkrijk zal in actie komen en een eind maken aan menselijk bestuur (Openb.19:15,17,18)

Alle slechte mensen vernietigen, vooral degenen die ondanks waarschuwingen door de prediking van het goede nieuws, opzettelijk slechte dingen blijven doen. En ongehoorzaam blijven aan God. Zij zullen van de aarde worden verwijderd. Satan en zijn slechte engelen worden van de aarde weggegooid en uitgeschakeld in de afgrond. Hij en zijn demonen zullen niet meer in staat zijn de mensheid te misleiden en aan te vallen met hun onreinheid. (Openb. 20:3,10) Jehovah, uw hand is opgeheven, maar ze zien het niet. Ze zullen uw ijver voor uw volk zien en te schande worden gemaakt. Uw vuur zal uw tegenstanders verteren. (Jes.26:11)

De Here Jezus en zijn ruiters strijden in de hemel en op aarde. Wij zien het niet maar het is onzichtbaar aanwezig.

Zelf heb ik ervaren in mijn dagboek, biografie, die ik in de bibliotheek in Lelystad heb geschreven over een van de paarden en wat ik zag. En wel het vale paard wel te verstaan. Ik weet nu wie ik ben en veel mensen die erachter zijn gekomen. Mijn geest is van God afkomstig die hoort niet vervloekt te worden.

HET BOEK OPENBARING BEVAT BOODSCHAPPEN VAN JEZUS CHRISTUS

Een openbaring door Jezus Christus, die God hem gegeven heeft om aan zijn slaven te laten zien wat er binnenkort moet gebeuren. Hij heeft zijn engel gestuurd en deze openbaring via hem in symbolen meegedeeld aan zijn slaaf Johannes, die heeft getuigd van het woord dat God heeft gegeven en van het getuigenis dat Jezus Christus heeft gegeven, van alles wat hij heeft gezien. Gelukkig is hij die de woorden van deze profetie hardop leest en zijn zij die ze horen en die zich houden aan alles wat erin geschreven staat, want de vastgestelde tijd is nabij. Johannes aan de zeven gemeenten in Asia: Ik wens jullie onverdiende goedheid en vrede toe van hem die is en die was en die komt, en van de zeven geesten die voor zijn troon zijn en van Jezus Christus de Trouwe Getuige, de eerstgeborene van de doden en de Heerser over de koningen van de aarde. Aan hem die van ons houdt en die ons door zijn eigen bloed van onze zonden heeft bevrijd. Hij heeft ons gemaakt tot een koninkrijk, tot priesters voor zijn God en Vader. Aan hem komt de eer toe en de macht, voor eeuwig. Amen. Kijk! Hij komt met de wolken en elk oog zal hem zien, ook degenen die hem doorstoken hebben. En alle stammen van de aarde zullen zich wegens hem op de borst slaan van verdriet. Ja, amen. Ik ben de Alfa en de Omega, zegt Jehovah God, hij die is en die was en die komt, de Almachtige. Ik, Johannes, jullie broeder en deelgenoot in het lijden, in het koninkrijk en in de volharding als volgeling van Jezus, was op het eiland

Patmos terechtgekomen omdat ik over God sprak en van Jezus getuigde. (Openb.1:1-9)

Boodschappen van Jezus aan de zeven gemeenten

Door inspiratie kwam ik in de dag van de Heer, en achter me hoorde ik een krachtige stem als van een trompet, die zei: "Schrijf wat je ziet in een boekrol en stuur die naar de zeven gemeenten: in Efeze, in Smyrna, in Pergamum, in Thyatira, in Sardes, in Filadelfia en in Laodicea." Ik draaide me om, om te zien wie er tegen me sprak. Toen ik me omdraaide, zag ik zeven gouden lampenstandaarden, en tussen de lampenstandaarden iemand als een mensen-zoon. Hij was gekleed in een gewaad dat tot de voeten reikte en droeg een gouden band om zijn borst. Zijn hoofd en zijn haar waren wit als witte wol, als sneeuw, en zijn ogen waren als een vlammend vuur. Zijn voeten waren als zuiver koper dat in een oven gloeit en zijn stem klonk als bulderend water. In zijn rechterhand had hij zeven sterren, en uit zijn mond kwam een scherp, lang, twee-snijdend zwaard tevoorschijn, en zijn gezicht was als de zon die op volle kracht schijnt. Toen ik hem zag, viel ik als dood aan zijn voeten neer. Maar hij legde zijn rechter-hand op me en zei: "Wees niet bang. Ik ben de Eerste en de Laatste, en de levende, en ik ben doodgegaan, maar kijk, ik leef voor altijd en eeuwig, en ik heb de sleutels van de dood en van het Graf. Schrijf daarom op wat je hebt gezien, en wat er nu is en wat hierna zal gebeuren. Wat betreft het heilige geheim van de zeven sterren die je in mijn rechterhand hebt gezien en van de zeven gouden lampenstandaarden: de zeven sterren betekenen de engelen van de zeven gemeenten en de zeven lampenstandaarden betekenen de zeven gemeenten. Schrijf aan de engel van de gemeente in Efeze: Dit zegt hij die de zeven sterren in zijn rechterhand houdt en tussen de zeven gouden lampenstandaarden wandelt: "Ik ken je daden en je harde werk en volharding. Ik weet dat je slechte mensen niet tolereert en dat je hen die beweren dat ze apostelen zijn maar het niet zijn, op de proef hebt gesteld en hebt ontdekt dat ze leugenaars zijn. Je toont ook volharding en je hebt ter wille van mijn naam volgehouden en bent niet moe geworden. Maar dit heb ik tegen je: dat je de liefde die je eerst had, hebt verloren. Bedenk daarom hoe diep je gevallen bent. Heb berouw en doe weer de daden die je vroeger deed. Anders kom ik naar je toe, en ik zal je lampenstandaard van zijn plaats wegnemen, tenzij je berouw hebt. Maar dit pleit in je voordeel: dat je de daden van de sekte van Nikolaüs haat, die ook ik haat. Wie oren heeft, moet horen wat de geest tegen de gemeenten zegt: wie overwint, zal ik laten eten van de levensboom, die in het paradijs van God staat." En schrijf aan de engel van de gemeente in Smyrna: Dit zegt "de Eerste en de Laatste", die is doodgegaan en weer tot leven is gekomen: "Ik weet van je ellende en armoede – maar je bent rijk – en ik weet van de lastering door mensen die zeggen dat ze Joden zijn en het eigenlijk niet zijn, maar ze zijn een synagoge van Satan. Wees niet bang voor het lijden dat je te wachten staat. De Duivel zal ermee doorgaan sommigen van jullie in de gevangenis te gooien, zodat jullie volledig op de proef worden gesteld. Tien dagen lang zullen jullie het zwaar te verduren hebben. Bewijs dat je trouw bent, zelfs tot de dood, en ik zal je de kroon van het leven geven. Wie oren heeft, moet horen wat de geest tegen de gemeenten zegt: wie overwint, zal in geen geval door de tweede dood getroffen worden. Schrijf aan de engel van de gemeente in Pergamum: Dit zegt hij die het scherpe, lange, tweesnijdende zwaard heeft: "Ik weet waar je woont, namelijk waar de troon van Satan is. Toch blijf je aan mijn naam vasthouden. Je hebt nooit je geloof in mij verloochend, zelfs niet in de tijd dat Antipas, mijn trouwe getuige, gedood werd in jullie stad, waar Satan woont. Maar ik heb een paar dingen tegen je: dat je daar sommigen hebt die vasthouden aan de leer van Bileam, die Balak leerde een struikelblok voor de Israëlieten neer te leggen, zodat ze dingen zouden eten die aan afgoden waren geofferd en seksuele immoraliteit zouden bedrijven. Zo zijn er bij jou ook personen die aan de leer van de sekte van Nikolaü vasthouden. Heb daarom berouw. Anders kom ik vlug naar je toe, en ik zal oorlog tegen hen voeren met het lange zwaard van mijn mond. Wie oren heeft, moet horen wat de geest tegen de gemeenten zegt: aan wie overwint, zal ik wat van het verborgen manna geven en zal ik een witte kiezelsteen geven, waarop een nieuwe naam staat geschreven die niemand kent behalve degene die hem krijgt." Schrijf aan de engel van de gemeente in Thyatira: Dit zegt de Zoon van God, hij die ogen heeft als een vlammend vuur en voeten als zuiver koper "Ik ken je daden en je liefde en geloof en dienst en volharding, en ik weet dat je daden van de laatste tijd meer zijn dan die van vroeger. Maar dit heb ik tegen je: dat je die vrouw Izebel tolereert, die zich een profetes noemt. Ze onderwijst en misleidt mijn slaven, zodat ze seksuele immoraliteit bedrijven en dingen eten die aan afgoden zijn geofferd. Ik heb haar tijd gegeven om berouw te hebben, maar ze wil geen berouw hebben van haar seksuele immoraliteit. Luister! Ik sta op het punt haar ziek te maken en grote ellende te brengen over degenen die overspel met haar plegen, tenzij ze berouw hebben van haar daden. Ik zal haar kinderen doden met dodelijke plagen, zodat alle gemeenten zullen weten dat ik het ben die het hart en de diepste gedachten onderzoekt. En ik zal elk van jullie geven naar zijn daden. Maar tegen de rest van jullie die in Thyatira zijn al degenen die deze leer niet volgen en die de zogenaamde 'diepe dingen van Satan' niet hebben leren kennen zeg ik: ik leg jullie geen andere last op. Hoe dan ook, houd vast aan wat jullie hebben, totdat ik kom. Aan wie overwint en mijn daden tot het einde toe navolgt, zal ik autoriteit over de volken geven; hij zal de mensen hoeden met een ijzeren staf en ze zullen als aardewerken kruiken in stukken worden gebroken, zoals ook ik autoriteit van mijn Vader heb gekregen. En ik zal hem de morgenster geven. Wie oren heeft, moet horen wat de geest tegen de gemeenten zegt. Schrijf aan de engel van de gemeente in Sardes: Dit zegt hij die de zeven geesten van God en de zeven sterren heeft: "Ik ken je daden. Je hebt de naam levend te zijn, maar je bent dood. Word waakzaam en versterk wat nog over is en dreigt te sterven, want ik heb gemerkt dat je werk niet voltooid is in de ogen van mijn God. Bedenk daarom steeds wat je hebt gekregen en wat je hebt gehoord. Blijf eraan vasthouden en heb berouw. Als je niet wakker wordt, zal ik beslist komen als een dief. Je zult absoluut niet weten op welk uur ik je zal overvallen. Maar je hebt enkele personen in Sardes die hun kleren niet hebben verontreinigd. Zij zullen met mij in witte kleren wandelen, omdat ze het waard zijn. Wie overwint, zal witte kleren dragen, en ik zal zijn naam nooit uit het boek van het leven schrappen, maar ik zal hem tegenover mijn Vader en zijn engelen erkennen. Wie oren heeft, moet horen wat de geest tegen de gemeenten zegt. "Schrijf aan de engel van de gemeente in Filadelfia: Dit zegt hij die heilig is, de ware, die de sleutel van David heeft als hij opent kan niemand sluiten en als hij sluit kan niemand openen: "Ik ken je daden. Kijk, ik heb een deur voor je geopend die niemand kan sluiten. Ik weet dat je nog een beetje kracht hebt, en je hebt mijn woord nageleefd en bent niet ontrouw geweest aan mijn naam. Luister! Ik zal degenen van de synagoge van Satan die zeggen dat ze Joden zijn en het niet zijn, maar liegen. Luister, ik zal ze laten komen en ze voor je voeten laten neerbuigen en ze laten weten dat ik van je houd. Omdat je het woord over mijn volharding hebt nageleefd, zal ik jou beschermen in het uur van beproeving, dat over de hele bewoonde aarde moet komen om hen die op aarde wonen, op de proef te stellen. Ik kom vlug. Blijf vasthouden aan wat je hebt, zodat niemand je je kroon afneemt. Wie overwint, hem zal ik maken tot een pilaar in de tempel van mijn God, en hij zal er nooit meer uit gaan. Ik zal op hem de naam schrijven van mijn God en de naam van de stad van mijn God, het Nieuwe Jeruzalem dat van mijn God uit de hemel neerdaalt, en ook mijn eigen nieuwe naam. Wie oren heeft, moet horen wat de geest tegen de gemeenten zegt. "Schrijf aan de engel van de gemeente in Laodicea: Dit zegt de Amen, de trouwe en ware getuige, het begin van de schepping door God: "Ik ken je daden. Je bent niet koud en niet heet. Was je maar óf koud óf heet. Maar omdat je lauw bent en niet heet of koud, ga ik je uit mijn mond spugen. Omdat je zegt: "Ik ben rijk en heb rijkdom verkregen en heb helemaal niets nodig, maar je niet weet dat je ellendig en zielig en arm en blind en naakt bent, raad ik je aan goud van mij te kopen dat door vuur gelouterd is, zodat je rijk wordt. Koop van mij witte kleren, zodat je gekleed bent en je je niet hoeft te schamen voor je naaktheid, en oogzalf om op je ogen te smeren, zodat je kunt zien. Iedereen aan wie ik gehecht ben, wijs ik terecht en corrigeer ik. Wees daarom ijverig en heb berouw. Kijk! Ik sta voor de deur en klop. Als iemand mijn stem hoort en de deur opendoet, zal ik in zijn huis komen en de avondmaaltijd met hem eten en hij met mij. Wie overwint, zal ik met mij op mijn troon laten zitten, net zoals ik heb overwonnen en met mijn Vader op zijn troon ben gaan zitten. Wie oren heeft, moet horen wat de geest tegen de gemeenten zegt." (Openb.1:10:-3-22)

EEN VISIOEN VAN GOD OP ZIJN TROON IN DE HEMEL

Daarna keek ik en zag een geopende deur in de hemel. De eerste stem die ik tegen me hoorde spreken, klonk als een trompet en zei: "Kom naar boven, dan zal ik je laten zien wat er moet gebeuren." Hierna kwam ik onmiddellijk in de kracht van de geest. Ik zag een troon in de hemel staan en er zat iemand op de troon. Hij die erop zat had een uiterlijk als van Jaspis en Sardius, en rondom de troon was een regenboog die eruitzag als smaragd. Rondom de troon stonden 24 tronen, en daarop zag ik 24 oudsten zitten. Ze droegen witte kleren en hadden een gouden kroon op hun hoofd. Vanaf de troon kwamen bliksemflitsen en stemmen en donderslagen. Zeven vurige lampen brandden voor de troon, en die betekenen de zeven geesten van God. Voor de troon was iets dat leek op een glazen zee, als kristal. In het midden van de troon en rondom de troon waren vier levende wezens die van voren en van achteren vol ogen waren. Het eerste levende wezen leek op een leeuw, het tweede leek op een jonge stier, het derde had een gezicht als van een mens en het vierde leek op een vliegende arend. Elk van de vier levende wezens had zes vleugels, die rondom en aan de onderkant vol ogen waren En zonder ophouden, dag en nacht, zeggen ze: "Heilig, heilig, heilig is Jehovah God, de Almachtige, die was en die is en die komt." Telkens als de levende wezens lof, eer en dank brengen aan hem die op de troon zit, hij die voor altijd en eeuwig leeft, vallen de 24 oudstens neer voor hem die op de troon zit en aanbidden ze hem die voor altijd en eeuwig leeft. Ze werpen hun kronen voor de troon en zeggen: "Jehovah, onze God, u bent het waard de lof en de eer en de kracht te ontvangen, want u hebt alle dingen geschapen en dankzij uw wil zijn ze tot bestaan gekomen en werden ze geschapen."(Openb.4:1-11)

• Een reeks visioenen, waarbij elk visioen overgaat in het volgende:

Zeven zegels

En ik zag in de rechterhand van hem die op de troon zat een boekrol, aan beide kanten beschreven, goed verzegeld met zeven zegels. Ik zag een sterke engel die met luide stem uitriep: "Wie is het waard de boekrol te openen en de zegels te verbreken?" Maar niemand in de hemel of op aarde of onder de aarde kon de boekrol openen of erin kijken. Ik barstte in tranen uit, want er was niemand te vinden die het waard was de boekrol te openen of erin te kijken. Maar een van de oudsten zei tegen me: "Houd op met huilen. Kijk! De Leeuw uit de stam Juda, de wortel van David, heeft overwonnen, dus hij kan de boekrol en de zeven zegels openen." In het midden van de troon en van de vier levende wezens en in het midden van de oudsten zag ik een lam staan dat geslacht leek te zijn, met zeven hoorns en zeven ogen. De ogen betekenen de zeven geesten van God, die over de hele aarde zijn uitgestuurd. Onmiddellijk kwam hij naar voren en nam de boekrol uit de rechterhand van hem die op de troon zat. Toen hij de boekrol nam, vielen de vier levende wezens en de oudsten voor het Lam neer. Elk had een harp en ze hadden gouden schalen vol wierook. (De wierook betekent de gebeden van de heiligen.) Ze zingen een nieuw lied: "U bent het waard de boekrol te nemen en de zegels te openen, want u bent geslacht en met uw bloed hebt u mensen voor God gekocht uit alle stammen, talen, volken en landen. U hebt ze gemaakt tot een koninkrijk en tot priesters voor onze God, en ze zullen als koningen over de aarde regeren." Ik keek, en ik hoorde de stem van vele engelen rondom de troon, de levende wezens en de oudsten. Het waren er myriaden maal myriaden en duizenden maal duizenden, en ze zeiden met luide stem: "Het Lam dat geslacht werd, is het waard de kracht en rijkdom en wijsheid en sterkte en eer en lof en zegen te ontvangen." En ik hoorde elk schepsel in de hemel en op aarde en onder de aarde en op de zee allemaal zeggen: "Aan hem die op de troon zit en aan het Lam komen de zegen en de eer en de lof en de macht toe, voor altijd en eeuwig." De vier levende wezens zeiden: "Amen!" En de oudsten vielen in aanbidding neer. Ik keek toen het Lam één van de zeven zegels opende, en ik hoorde één van de vier levende wezens met een stem als een donderslag zeggen: "Kom!" En ik keek en zag een wit paard en degene die erop zat, had een boog. Er werd hem een kroon gegeven, en hij trok eropuit als overwinnaar en om zijn overwinning te voltooien. Toen hij het tweede zegel opende, hoorde ik het tweede levende wezen zeggen: "Kom!" Er verscheen een ander paard, dat vuurrood was. Degene die erop zat, kreeg de macht om de vrede van de aarde weg te nemen, zodat ze elkaar zouden afslachten. Er werd hem een groot zwaard gegeven. Toen hij het derde zegel opende, hoorde ik het derde levende wezen zeggen: "Kom!" En ik keek en zag een zwart paard, en degene die erop zat, had een weegschaal in zijn hand,. Ik hoorde uit het midden van de vier levende wezens iets dat klonk als een stem, die zei: "Een liter tarwe voor een denarius en drie liter gerst voor een denarius. En breng geen schade toe aan de olijfolie en de wijn. "Toen hij het vierde zegel opende, hoorde ik de stem van het vierde levende wezen zeggen: "Kom!" En ik keek en zag een vaal paard, en degene die erop zat, heette Dood. En het Graf volgde dicht achter hem. Ze kregen autoriteit over een vierde deel van de aarde om te doden met een lang zwaard en door voedseltekorten, dodelijke plagen en de wilde dieren van de aarde. Toen hij het vijfde zegel opende, zag ik onder het altaar de zielen van hen die geslacht waren wegens het woord van God en wegens het getuigenis dat ze hadden gegeven. Ze riepen met luide stem: "Hoelang duurt het nog, Soevereine Heer, heilige en ware God, voordat u oordeelt en ons bloed wreekt op de bewoners van de aarde?" Aan elk van hen werd een wit gewaad gegeven, en hun werd gezegd nog een korte tijd te rusten, totdat het aantal van hun mede-slaven en hun broeders die op het punt stonden net als zij gedood te worden, volledig zou zijn. En ik keek toen hij het zesde zegel opende, en er vond een grote aardbeving plaats. De zon werd zwart als een haren zak, de hele maan werd als bloed en de sterren van de hemel vielen naar de aarde zoals onrijpe vijgen die door een stormwind van een vijgenboom worden geschud. De hemel verdween als een boekrol die wordt opgerold en alle bergen en eilanden werden van hun plaats verwijderd. De koningen van de aarde, de hoge ambtenaren, de legerofficieren, de rijken, de sterken, alle slaven en alle vrije mensen verborgen zich toen in de grotten en tussen de rotsen van de bergen. En ze zeggen steeds tegen de bergen en de rotsen: "Val op ons en verberg ons voor de ogen van hem die op de troon zit en voor de woede van het Lam! Want de grote dag van hun woede is gekomen, en wie kan dan staande blijven?" Daarna zag ik vier engelen op de vier hoeken van de aarde staan. Ze hielden de vier winden van de aarde stevig vast, zodat er geen wind kon waaien over de aarde, de zee of enige boom. En ik zag een andere engel opstijgen van waar de zon opgaat. Hij had een zegel van de levende God en hij riep met luide stem naar de vier engelen die de macht hadden gekregen om schade toe te brengen aan de aarde en de zee. Hij zei: "Breng geen schade toe aan de aarde of de zee of de bomen voordat we de slaven van onze God op hun voorhoofd verzegeld hebben." En ik hoorde het aantal van hen die verzegeld werden: 144.000, verzegeld uit elke stam van de zonen van Israël. Uit de stam Juda 12.000 verzegeld, uit de stam Ruben 12.000, uit de stam Gad 12.000, uit de stam Aser 12.000, uit de stam Naftali 12.000, uit de stam Manasse 2.000, uit de stam Simeon 12.000, uit de stam Levi 12.000, uit de stam Issaschar 12.000, uit de stam Zebulon 12.000, uit de stam Jozef 12.000 en uit de stam Benjamin 12.000 verzegeld. Daarna keek ik en zag een grote menigte, die niemand tellen kon, uit alle landen, stammen, volken en talen. Ze stonden voor de troon en voor het Lam, gekleed in witte gewaden en met palmtakken in hun handen. Met luide stem riepen ze steeds: "Redding hebben we te danken aan onze God, die op de troon zit, en aan het Lam." Alle engelen stonden rondom de troon, de oudsten en de vier levende wezens. Ze bogen zich diep neer voor de troon en aanbaden God. Ze zeiden: "Amen! De lof en de glorie en de wijsheid en de dank en de eer en de kracht en de sterkte komen onze God toe, voor altijd en eeuwig. Amen." Toen vroeg een van de oudsten mij: "Wie zijn dat in die witte gewaden en waar komen ze vandaan?" Onmiddellijk zei ik tegen hem: "Mijn heer, u weet het." Daarop zei hij: "Dat zijn degenen die uit de grote verdrukking komen. Ze hebben hun gewaden gewassen en wit gemaakt in het bloed van het Lam. Daarom staan ze voor de troon van God en doen ze dag en nacht heilige dienst voor hem in zijn tempel. Hij die op de troon zit, zal zijn tent over hen uitspreiden. Ze zullen geen honger of dorst meer hebben, de zon zal niet op hen branden en geen verschroeiende hitte zal hen treffen. Want het Lam, dat in het midden van de troon is, zal hen hoeden en hen leiden naar bronnen met levengevend water. En God zal elke traan uit hun ogen wegwissen. "Toen hij het zevende zegel opende, werd het stil in de hemel, ongeveer een half uur lang. Ik zag de zeven engelen die voor God staan, en er werden zeven trompetten aan hen gegeven. Er kwam een andere engel, die met gouden schalen vol wierook bij het altaar ging staan. Hij kreeg een grote hoeveelheid wierook om die met de gebeden van alle heiligen te offeren op het gouden altaar dat voor de troon stond. De rook van de wierook steeg uit de hand van de engel voor God op, samen met de gebeden van de heiligen. Maar meteen nam de engel het wierookvat, en hij vulde het met wat vuur van het altaar en gooide dat naar de aarde. Er waren donderslagen en stemmen en bliksemflitsen en een aardbeving. En de zeven engelen met de zeven trompetten maakten zich klaar om erop te blazen. (Openb.5:1-8:6)

ZEVEN TROMPETTEN;
DE LAATSTE DRIE LUIDEN ELK EEN WEE IN

De eerste blies op zijn trompet. Er kwam hagel en vuur, vermengd met bloed, en het werd naar de aarde gegooid. En een derde deel van de aarde verbrandde, een derde deel van de bomen verbrandde en alle groene plantengroei verbrandde. De tweede engel blies op zijn trompet. Iets dat leek op een grote brandende berg werd in de zee gegooid. En een derde deel van de zee werd bloed. Een derde deel van de levende wezens in de zee stierf en een derde deel van de schepen verging. De derde engel blies op zijn trompet. Een grote ster die brandde als een lamp viel uit de hemel. Hij viel op een derde deel van de rivieren en op de waterbronnen. De naam van de ster is Alsem. Een derde deel van het water veranderde in alsem. Veel mensen stierven door het water, omdat het bitter was gemaakt. De vierde engel blies op zijn trompet. Een derde deel van de zon werd getroffen en een derde deel van de maan en een derde deel van de sterren, zodat een derde deel ervan verduisterd zou worden en een derde deel van de dag en ook van de nacht geen licht zou hebben. En ik keek, en ik hoorde een arend die in het midden van de hemel vloog met luide stem zeggen: "Wee, wee, wee de bewoners van de aarde vanwege het trompetgeschal van de drie overgebleven engelen die op het punt staan op hun trompet te blazen!" De vijfde engel blies op zijn trompet. Ik zag een ster die uit de hemel naar de aarde was gevallen, en hem werd de sleutel van de schacht naar de afgrond gegeven.

Hij opende de schacht naar de afgrond, en er steeg rook op uit de schacht als de rook van een grote oven. De zon en ook de lucht werden verduisterd door de rook uit de schacht. Uit de rook kwamen sprinkhanen op de aarde neer. Ze ontvingen macht, dezelfde macht die de schorpioenen van de aarde hebben. Er werd hun gezegd geen schade toe te brengen aan het gras van de aarde, de planten of de bomen, maar alleen aan de mensen die het zegel van God niet op hun voorhoofd hebben. Het werd de sprinkhanen niet toegestaan om hen te doden, maar wel om hen vijf maanden lang te pijnigen. Hun pijn was als de pijn van iemand die door een schorpioen is gestoken. In die tijd zullen de mensen de dood zoeken,, maar hem niet vinden. Ze zullen willen sterven maar de dood zal van hen wegvluchten. De sprinkhanen zagen eruit als paarden die zijn toegerust voor de strijd. Op hun kop was iets dat leek op een gouden kroon, en hun gezicht was als een mensengezicht. Hun haar was als het haar van een vrouw. Hun tanden waren als die van leeuwen en ze hadden borstschilden als ijzeren borstschilden. Het geluid van hun vleugels was als het geluid van wagens met paarden die zich in de strijd storten. Ook hadden ze net als schorpioenen een staart met een angel. In hun staart zat hun macht om de mensen vijf maanden lang pijn te doen. Hun koning is de engel van de afgrond. In het Hebreeuws is zijn naam Abaddo en in het Grieks Apollyon. Het ene wee is voorbij. Kijk! Er komen hierna nog twee weeën. De zesde engel blies op zijn trompet Uit de hoorns van het gouden altaar dat voor God staat, hoorde ik een stem tegen de zesde engel met de trompet zeggen: "Maak de vier engelen los die zijn vastgebonden bij de grote rivier de Eufraat. En de vier

engelen die waren gereedgehouden voor dit uur en deze
dag en deze maand en dit jaar, werden losgemaakt om een
derde deel van de mensen te doden. Het aantal ruiters van
de bereden troepen was twee myriaden maal myriaden.
Ik hoorde hun aantal. Zo zagen de paarden en degenen
die erop zaten in het visioen eruit: Ze hadden borsthar-
nassen die vuurrood, hyacintblauw en zwavelgeel waren.
De koppen van de paarden waren als leeuwenkoppen, en
er kwam vuur, rook en zwavel uit hun bek. Een derde deel
van de mensen werd gedood door deze drie plagen, door
het vuur en de rook en de zwavel die uit hun bek kwamen.
Want de macht van de paarden was in hun bek en in hun
staart. Hun staarten leken namelijk op slangen en hadden
koppen, en daarmee brachten ze schade toe. De mensen
die niet gedood werden door deze plagen, hadden geen
berouw van wat ze hadden gemaakt. Ze hielden niet op
de demonen te aanbidden en de afgoden van goud, zilver,
koper, steen en hout, die niet kunnen zien of horen of
lopen. En ze hadden geen berouw van hun moorden, hun
spiritistische praktijken, hun seksuele immoraliteit en hun
diefstallen. Toen zag ik een andere sterke engel uit de hemel neerdalen. Hij was gehuld een wolk, en er was een
regenboog boven zijn hoofd. Zijn gezicht was als de zon
en zijn benen waren als vuurzuilen. In zijn hand had hij
een kleine, opengerolde boekrol. Hij zette zijn rechtervoet
op de zee, maar zijn linkervoet op de aarde. Hij riep met
een luide stem, zoals een leeuw brult. En toen hij riep,
lieten de zeven donderslagen hun stem horen. Toen de
zeven donderslagen hadden gesproken, wilde ik gaan schrijven, maar ik hoorde een stem uit de hemel zeggen: "Verzegel
wat de zeven donderslagen gezegd hebben en schrijf het

niet op." De engel die ik op de zee en op de aarde zag staan, stak zijn rechterhand omhoog naar de hemel. Hij zwoer bij degene die voor altijd en eeuwig leeft, die de hemel en alles wat daarin is en de aarde en alles wat daarop is en de zee en alles wat daarin is, heeft geschapen: "Er zal geen uitstel meer zijn. Maar als de zevende engel op het punt staat op zijn trompet te blazen wordt het heilige geheim dat God als goed nieuws aan zijn eigen slaven, de profeten, heeft bekendgemaakt, inderdaad tot een einde gebracht. En ik hoorde de stem uit de hemel opnieuw tegen me spreken. Hij zei: "Ga, neem de geopende boekrol die in de hand ligt van de engel die op de zee en op de aarde staat. Ik ging naar de engel toe en vroeg hem de kleine boekrol aan mij te geven. Hij zei tegen me: "Neem hem en eet hem op, en hij zal je maag bitter maken, maar in je mond zal hij zo zoet zijn als honing." Ik nam de kleine boekrol uit de hand van de engel en at hem op, en in mijn mond was hij zoet als honing, maar toen ik hem opgegeten had, werd mijn maag bitter. En ze zeiden tegen me: Je moet opnieuw profeteren over volken en landen en talen en veel koningen. Er werd mij een rietstengel gegeven die op een staf leek, terwijl hij zei: "Sta op en meet het tempelheiligdom van God en het altaar en degenen die hem daarin aanbidden. Maar sla het voorhof buiten het tempelheiligdom over en meet dat niet, want het is aan de heidenen gegeven, en ze zullen de heilige stad 42maanden lang vertrappen. Ik zal mijn twee getuigen 1260 dagen in zakken gekleed laten profeteren. "Zij worden afgebeeld door de twee olijfbomen en de twee lampenstandaarden en ze staan voor de Heer van de aarde. Als iemand ze kwaad wil doen, komt er vuur uit hun mond dat hun vijanden verteert. Als iemand ze kwaad zou willen doen, moet hij op die manier worden gedood. Ze hebben de autoriteit om de hemel te sluiten zodat er geen regen valt in de tijd waarin ze profeteren. Ook hebben ze de autoriteit om het water in bloed te veranderen en om de aarde te treffen met allerlei plagen, zo vaak ze maar willen. Als ze klaar zijn met hun getuigenis, zal het wilde beest dat uit de afgrond opstijgt, oorlog tegen ze voeren en ze overwinnen en doden. Hun lijken zullen op de brede straat liggen van de grote stad die in figuurlijke zin Sodom en Egypte wordt genoemd, waar ook hun Heer aan een paal werd gehangen. Gedurende drieënhalve dag zullen mensen uit de volken, stammen, talen en landen hun lijken bekijken, en ze laten niet toe dat hun lijken in een graf worden gelegd. En de bewoners van de aarde zijn blij over hun dood en vieren feest. Ze zullen elkaar geschenken sturen, want deze twee profeten hebben de bewoners van de aarde gekweld. Na de drieënhalve dag kwam er levensgeest van God in hen. Ze gingen staan, en degenen die hen zagen werden vreselijk bang. Er klonk een luide stem uit de hemel die tegen hen zei: "Kom naar boven. En in de wolk stegen ze op naar de hemel, en hun vijanden zagen hen. In dat uur was er een grote aardbeving, en een tiende deel van de stad stortte in. En 7000 mensen werden door de aardbeving gedood, en de rest werd heel bang en gaf eer aan de God van de hemel. Het tweede wee is voorbij. Kijk! Het derde wee komt vlug. De zevende engel blies op zijn trompet. Er klonken luide stemmen in de hemel die zeiden: "Het koninkrijk van de wereld is het Koninkrijk van onze Heer en van zijn Christus geworden, en hij zal voor altijd en eeuwig als koning regeren." En de 24 oudsten, die vóór

God op hun tronen zaten, bogen zich diep neer en aanbaden God. Ze zeiden: "We danken u, Jehovah God, Almachtige, die is en die was, omdat u uw grote macht hebt uitgeoefend en als koning bent gaan regeren." Maar de volken werden woedend, en ook u toonde uw woede. De vastgestelde tijd kwam om de doden te oordelen en om uw slaven, de profeten, te belonen, evenals de heiligen en degenen die ontzag hebben voor uw naam, de kleinen en de groten, en ook om degenen te vernietigen die de aarde aan het vernietigen zijn. Het tempelheiligdom van God in de hemel werd geopend en de ark van zijn verbond werd in zijn tempelheiligdom gezien. Er waren bliksemflitsen en stemmen en donderslagen en een aardbeving en zware hagel. Toen werd er een groot teken gezien in de hemel: Een vrouw was bekleed met de zon, en de maan was onder haar voeten. Op haar hoofd was een kroon van 12 sterren. Ze was zwanger en schreeuwde het uit van de pijn omdat ze weeën had. Er werd nog een teken gezien in de hemel. Er was een grote vuurrode draak, met zeven koppen en tien hoorns en op zijn koppen zeven diademen. Zijn staart sleepte een derde deel van de sterren van de hemel mee, en hij gooide ze naar de aarde. De draak bleef voor de vrouw staan die op het punt stond te baren, zodat hij haar kind kon verslinden zodra het geboren was. Ze baarde een zoon, een mannelijk kind, dat alle volken zal hoeden met een ijzeren staf. Haar kind werd weggerukt naar God en zijn troon. De vrouw vluchtte naar de woestijn, waar God voor haar een plaats had klaargemaakt en ze 1260 dagen gevoed zou worden. En er brak oorlog uit in de hemel: Michaël en zijn engelen vochten tegen de draak. De draak en zijn engelen vochten terug, maar ze werden verslagen en er was voor hen geen plaats meer in de hemel. De grote draak werd daarom neergeworpen, de oorspronkelijke slang, degene die Duivel en Satan wordt genoemd, die de hele bewoonde aarde misleidt. Hij werd neergeworpen naar de aarde en zijn engelen werden samen met hem neergeworpen. Ik hoorde een luide stem in de hemel zeggen: "Nu zijn de redding en de kracht en het Koninkrijk van onze God en de autoriteit van zijn Christus werkelijkheid geworden, want de beschuldiger van onze broeders, die hen dag en nacht voor onze God beschuldigt, is neergeworpen!" En ze hebben hem overwonnen door het bloed van het Lam en door de boodschap die ze hebben verkondigd. Ze waren niet aan hun ziel gehecht, zelfs niet met de dood voor ogen. Wees daarom vrolijk, hemel en jullie die daarin wonen! Wee de aarde en de zee, want de Duivel is naar jullie neergedaald. Hij is woedend, omdat hij weet dat hij nog maar weinig tijd heeft. Toen de draak zag dat hij neergeworpen was naar de aarde, ging hij de vrouw vervolgen die het mannelijke kind had gebaard. Maar de vrouw kreeg de twee vleugels van de grote arend, zodat ze naar haar plaats in de woestijn kon vliegen. Daar moet ze gedurende een tijd en tijden en een halve tijd gevoed worden, uit het gezicht van de slang. De slang spuwde uit zijn bek een rivier van water achter de vrouw aan om haar in de rivier te laten verdrinken. Maar de aarde kwam de vrouw te hulp, en de aarde opende haar mond en slokte de rivier op die de draak had uitgespuwd. De draak werd woedend op de vrouw en ging weg om oorlog te voeren tegen de overgeblevenen van haar nageslacht, die zich aan de geboden van God houden en de taak hebben over Jezus te getuigen. En hij bleef staan op het zand van de zee. Ik zag uit de zee een wild beest opkomen met tien hoorns en zeven koppen en op zijn hoorns tien diademen, maar op zijn koppen godslasterlijke namen. Het wilde beest dat ik zag, leek op een luipaard, maar zijn poten waren als die van een beer en zijn muil was als een leeuwenmuil. En de draak gaf aan het beest kracht, een troon en grote autoriteit. Ik zag dat een van zijn koppen dodelijk gewond leek te zijn geweest, maar zijn dodelijke wond was genezen. De hele aarde volgde het wilde beest met bewondering. Ze aanbaden de draak omdat hij aan het wilde beest autoriteit had gegeven. Ook aanbaden ze het wilde beest met de woorden: "Wie is als het wilde beest? Wie kan het tegen hem opnemen?" Hij kreeg een mond die grote dingen en godslasteringen sprak en hij kreeg autoriteit om 42 maanden lang te handelen. Hij opende zijn mond met lasteringen tegen God, om zijn naam te lasteren en zijn woonplaats, degenen die in de hemel wonen. Het werd hem toegestaan om oorlog te voeren tegen de heiligen en hen te overwinnen. Hij kreeg autoriteit over alle stammen en volken en talen en landen. En allen die op de aarde wonen, zullen hem aanbidden. Vanaf de grondlegging van de wereld is niet één van hun namen opgeschreven in de boekrol van het leven van het Lam dat geslacht is. Wie oren heeft, moet horen. Wie bestemd is voor gevangenschap, zal in gevangenschap gaan. Wie met het zwaard doodt moet met het zwaard gedood worden. Hier komt het voor de heiligen aan op volharding en geloof. Toen zag ik een ander wild beest uit de aarde opkomen. Het had net als een lam twee hoorns, maar het ging spreken als een draak. Het oefent alle autoriteit van het eerste wilde beest voor zijn ogen uit. En het zorgt ervoor dat de aarde en de bewoners ervan het eerste wilde beest aanbidden, dat van zijn dodelijke wond was genezen. Het doet grote tekenen en laat zelfs vuur uit de hemel naar de aarde komen voor de ogen van de mensen. Het misleidt de bewoners van de aarde met de tekenen die het mocht doen voor de ogen van het wilde beest, terwijl het tegen de bewoners van de aarde zegt dat ze een beeld moeten maken voor het wilde beest dat door het zwaard gewond was maar weer was opgeleefd. Het werd hem toegestaan adem te geven aan het beeld van het wilde beest, zodat het beeld van het wilde beest niet alleen zou spreken maar er ook voor zou zorgen dat iedereen gedood wordt die weigert het beeld van het wilde beest te aanbidden. Het oefent dwang uit op alle mensen de kleinen en de groten, de rijken en de armen, de vrijen en de slaven om een merkteken op hun rechterhand of op hun voorhoofd te aanvaarden, zodat iemand alleen kan kopen of verkopen als hij het merkteken heeft: de naam van het wilde beest of het getal van zijn naam. Hier komt het aan op wijsheid: laat wie inzicht heeft, het getal berekenen van het wilde beest, want het is het getal van een mens. Zijn getal is 666. Toen keek ik en zag het Lam op de berg Sion staan, en met hem 144.000. Op hun voorhoofd stonden zijn naam en de naam van zijn Vader geschreven. Ik hoorde een geluid uit de hemel komen dat klonk als bulderend water en als zware donder. Het geluid dat ik hoorde, klonk als zangers die zichzelf begeleiden door op hun harp te spelen. Vóór de troon en vóór de vier levende wezens en de oudsten zingen ze wat een nieuw lied lijkt te zijn. Niemand kon dat lied leren behalve de 144.000, die van de aarde zijn gekocht. Zij zijn het die zich niet met vrouwen hebben

verontreinigd; ze zijn maagden. Zij zijn het die het Lam
blijven volgen waar hij ook naartoe gaat. Ze zijn uit de
mensheid gekocht als eerstelingen voor God en voor het
Lam. In hun mond werd geen bedrog gevonden, ze zijn
zonder smet. En ik zag in het midden van de hemel een
andere engel vliegen. Hij had eeuwig goed nieuws om
bekend te maken aan de bewoners van de aarde, aan alle
landen, stammen, talen en volken. Hij zei met luide stem:
"Heb ontzag voor God en geef hem eer, want het uur van
oordeel door hem is gekomen. Aanbid daarom hem die
de hemel, de aarde, de zee en de waterbronnen heeft gemaakt." Hij werd gevolgd door een tweede engel, die zei:
"Ze is gevallen! Babylon de Grote is gevallen, zij die alle
volken heeft laten drinken van de wijn van de wellust van
haar seksuele immoraliteit!" Ze werden gevolgd door een
derde engel, die met luide stem zei: "Als iemand het wilde
beest en zijn beeld aanbidt en een merkteken op zijn voorhoofd of op zijn hand krijgt, zal hij ook drinken van de
wijn van Gods woede, die onverdund in de beker van Zijn
woede is ingeschonken." Hij zal gepijnigd worden met
vuur en zwavel voor de ogen van de heilige engelen en
voor de ogen van het Lam. De rook van hun pijniging zal
voor altijd en eeuwig opstijgen. Dag en nacht is er geen
rust voor degenen die het wilde beest en zijn beeld aan
bidden en voor iedereen die het merkteken van zijn naam
krijgt. Hier komt het op volharding aan voor de heiligen,
degenen die zich houden aan de geboden van God en
vasthouden aan het geloof van Jezus. En ik hoorde een
stem uit de hemel zeggen: "Schrijf op: gelukkig zijn vanaf
nu de doden die in eendracht met de Heer sterven." Ja,
zegt de geest, laat ze rusten van hun harde werk, want de

dingen die ze hebben gedaan, gaan met hen mee. Toen keek ik en zag een witte wolk. Op de wolk zat iemand als een mensenzoon, met een gouden kroon op zijn hoofd en een scherpe sikkel in zijn hand. Een andere engel kwam uit het tempelheiligdom en riep met luide stem naar degene die op de wolk zat: "Sla uw sikkel erin en oogst, want het uur om te oogsten is aangebroken en de oogst van de aarde is door en door rijp." En degene die op de wolk zat, gooide zijn sikkel naar de aarde, en de aarde werd geoogst. Er kwam nog een andere engel uit het tempelheiligdom dat in de hemel is, en ook hij had een scherpe sikkel. En weer een andere engel kwam van het altaar, en hij had autoriteit over het vuur. Hij riep met luide stem naar degene die de scherpe sikkel had: "Sla je scherpe sikkel erin en oogst de trossen van de wijnstok van de aarde, want de druiven zijn rijp." De engel gooide zijn sikkel naar de aarde en oogstte de wijnstok van de aarde. Hij gooide hem in de grote wijnpers van Gods woede. De wijnpers werd getreden buiten de stad. Er stroomde bloed uit de wijnpers tot aan de tomen van de paarden, over een afstand van 1600 stadie.

Zeven schalen, elk met een plaag, worden op de aarde uitgegoten. De plagen zijn een afbeelding van Gods oordelen. (Openb. 15:1-16: 21)

En ik zag een ander teken in de hemel, groot en wonderbaarlijk: zeven engelen met zeven plagen. Het zijn de laatste plagen, want daarmee wordt de woede van God tot een einde gebracht. En ik zag iets dat leek op een zee van glas vermengd met vuur. Degenen die de overwinning behalen over het wilde beest en zijn beeld en het getal van zijn naam, stonden bij de zee van glas en hadden harpen van God. Ze zongen het lied van Mozes, de slaaf van God, en het lied van het Lam: "Groot en wonderbaarlijk zijn uw werken, Jehovah God, Almachtige. Rechtvaardig en betrouwbaar zijn uw wegen Koning van de eeuwigheid. Wie zal geen ontzag voor u hebben, Jehovah, en uw naam niet verheerlijken? Want u alleen bent loyaal! Alle volken zullen voor u komen en u aanbidden, omdat uw rechtvaardige oordelen zijn geopenbaard." Daarna zag ik dat het heiligdom van de tent van de getuigen in de hemel werd geopend. De zeven engelen met de zeven plagen kwamen uit het heiligdom, gekleed in zuiver, glanzend linnen en met een gouden band om hun borst. Eén van de vier levende wezens gaf de zeven engelen zeven gouden schalen, vol met de woede van God, die voor altijd en eeuwig leeft. En het heiligdom werd met rook gevuld door de glorie van God en door zijn kracht. Niemand kon het heiligdom binnengaan voordat de zeven plagen van de zeven engelen tot een einde waren gekomen. Ik hoorde een luide stem uit het heiligdom tegen de zeven engelen zeggen: "Ga en giet de zeven schalen van Gods woede uit op de aarde." De eerste ging weg en goot zijn schaal uit op de aarde De mensen die het merkteken van het wilde beest hadden en die zijn beeld aanbaden, werden getroffen door een ernstige en kwaadaardige zweer. De tweede goot zijn schaal uit in de zee. En die werd bloed, als dat van een dode, en elk levend wezen stierf, alles wat in de zee was. De derde goot zijn schaal uit in de rivieren en de waterbronnen. En ze werden bloed. Ik hoorde de engel van het water zeggen: "Rechtvaardig bent u, hij die is en die was, de Loyale, omdat u deze oordelen hebt uitgesproken. Het bloed van heiligen en van profeten hebben zij vergoten en bloed hebt u ze te drinken gegeven. Ze verdienen het." En ik hoorde het altaar zeggen: "Ja, Jehovah God, Almachtige, betrouwbaar en rechtvaardig zijn uw oordelen." De vierde goot zijn schaal uit op de zon, en het werd de zon toegestaan de mensen te verschroeien met vuur. De mensen werden verschroeid door de grote hitte, maar ze lasterden de naam van God, die de autoriteit over deze plagen heeft. Ze hadden geen berouw en gaven hem geen eer. De vijfde goot zijn schaal uit op de troon van het wilde beest. Zijn koninkrijk werd verduisterd en ze gingen op hun tong bijten van de pijn. Maar ze lasterden de God van de hemel vanwege hun pijnen en hun zweren. Ze hadden geen berouw van hun daden. De zesde goot zijn schaal uit op de grote rivier de Eufraat. Het water droogde op om de weg vrij te maken voor de koningen vanuit de opgang van de zon. Ik zag uit de bek van de draak, uit de bek van het wilde beest en uit de mond van de valse profeet drie onreine geïnspireerde uitspraken komen die eruitzagen als kikkers. Het zijn in feite uitspraken die door demonen zijn geïnspireerd, en ze doen tekenen en gaan naar de koningen van de hele bewoonde aarde, om ze te verzamelen voor de oorlog van de grote dag van God de Almachtige. Let op! Ik kom als een dief. Gelukkig is hij die wakker blijft en zijn bovenkleren houdt, zodat hij niet naakt rondloopt en mensen zijn schaamte zien. En ze verzamelden hen op de plaats die in het Hebreeuws Armageddon wordt genoemd. De zevende goot zijn schaal uit op de lucht. Daarop kwam er een luide stem uit het heiligdom, vanaf de troon, die zei: "Het is voorbij." Er waren bliksemflitsen en stemmen en donderslagen. Er was een grote aardbeving, zoals er nooit een was geweest sinds er mensen op aarde zijn, zo groot en hevig was de aardbeving. De grote stad viel in drie stukken uiteen en de steden van de volken stortten in. En God werd herinnerd aan Babylon de Grote om haar de beker te geven met de wijn van zijn razende woede. Ook vluchtte elk eiland, en er waren geen bergen te vinden. Grote hagelstenen, die elk ongeveer een talent wogen, vielen toen uit de hemel op de mensen neer. De mensen lasterden God vanwege de plaag van de hagel, want de plaag was ongewoon zwaar.

VISIOENEN VAN DE VERNIETIGING VAN GODS VIJANDEN

Eén van de zeven engelen die de zeven schalen hadden, kwam en zei tegen me: "Kom, ik zal je het oordeel laten zien over de grote hoer die op veel waterstromen zit. Met haar hebben de koningen van de aarde seksuele immoraliteit bedreven en de bewoners van de aarde zijn dronken gemaakt met de wijn van haar seksuele immoraliteit. Hij bracht mij in de kracht van de geest naar een woestijn. En ik zag een vrouw op een scharlakenrood wild beest zitten dat vol godslasterlijke namen was en dat zeven koppen en tien hoorns had. De vrouw droeg purperen en scharlaken-rode kleren en gouden sieraden, edelstenen en parels In haar hand had ze een gouden beker vol met walgelijke dingen en met de onreine dingen van haar seksuele immoraliteit. Op haar voorhoofd stond een naam geschreven, een mysterie: "Babylon de Grote, de moeder van de hoeren en van de walgelijke dingen van de aarde." Ik zag dat de vrouw dronken was van het bloed van de heiligen en het bloed van de getuigen van Jezus. Toen ik haar zag, was ik erg verbaasd. Daarop zei de engel tegen me: "Waarom ben je verbaasd?" Ik zal je het mysterie vertellen van de vrouw en van het wilde beest waar ze op zit, met zijn zeven kop-pen en tien hoorns. Het wilde beest dat je hebt gezien, was, maar is niet, en staat toch op het punt uit de afgrond op te stijgen, en het gaat de vernietiging tegemoet. En de bewoners van de aarde degenen van wie de namen vanaf de grondlegging van de wereld niet in de boekrol van het leven zijn opgeschreven zullen zich verbazen als ze zien hoe het wilde beest was, maar niet is en toch aanwezig zal zijn. Hier komt het aan op verstand en wijsheid. De zeven koppen betekenen zeven bergen, waar de vrouw op zit. Er zijn zeven koningen: vijf zijn gevallen, één is er en de andere is nog niet gekomen. Maar als hij komt, moet hij een korte tijd blijven. En het wilde beest dat was maar niet is, is ook een achtste koning, maar het komt voort uit de zeven en het gaat de vernietiging tegemoet. De tien hoorns die je hebt gezien, betekenen tien koningen die nog geen koninkrijk hebben gekregen. Maar ze krijgen wel voor één uur autoriteit als koning met het wilde beest. Ze hebben één gedachte, en daarom geven ze hun kracht en autoriteit aan het wilde beest. Ze zullen oorlog voeren tegen het Lam, maar het Lam zal ze overwinnen omdat hij Heer der heren en Koning der koningen is. Ook degenen bij hem die geroepen en uitverkoren zijn en die trouw zijn, zullen overwinnen. Hij zei tegen me: De waterstromen die je hebt gezien, waar de hoer zit, betekenen volken, menigten, landen en talen. De tien hoorns die je hebt gezien en het wilde beest, die zullen de hoer haten en zullen haar verwoesten en naakt maken. Ze zullen haar vlees opeten en haar helemaal met vuur verbranden. Want God heeft het in hun hart gegeven zijn gedachte uit te voeren, ja, hun ene gedachte uit te voeren door hun koninkrijk aan het wilde beest te geven, totdat de woorden van God vervuld zijn. De vrouw die je hebt gezien, betekent de grote stad die heerst over de koningen van de aarde. Daarna zag ik een andere engel uit de hemel neerdalen met grote autoriteit, en de aarde werd verlicht door zijn glorie. Hij riep met een krachtige stem: Ze is gevallen!

Babylon de Grote is gevallen. Ze is een woonplaats geworden van demonen en een plaats waar elke onreine geest en elke onreine en gehate vogel zich schuilhoudt. Alle volken zijn het slachtoffer geworden van de wijn van de wellust van haar seksuele immoraliteit. De koningen van de aarde hebben seksuele immoraliteit met haar bedreven en de kooplieden van de aarde zijn rijk geworden door de kracht van haar schaamteloze weelde. En ik hoorde een andere stem uit de hemel zeggen: "Ga uit haar weg, mijn volk, als jullie geen deel willen hebben aan haar zonden en als jullie geen deel van haar plagen willen ontvangen." Want haar zonden hebben zich opgestapeld tot aan de hemel en God heeft aan haar onrechtvaardige daden gedacht. Zet haar betaald wat ze anderen heeft aangedaan, ja, betaal haar wat ze heeft gedaan dubbel terug Meng in de beker waarin zij een mengsel heeft gemaakt een dubbele portie voor haar. Geef haar net zo veel pijn en rouw als zij eer en schaamteloze weelde heeft gehad." Want ze blijft in haar hart zeggen: "Ik zit als koningin, ik ben geen weduwe en ik zal nooit rouw kennen." Daarom zullen op één dag haar plagen komen: dood, rouw en hongersnood. Ze zal helemaal met vuur verbrand worden, want Jehovah God, die haar heeft geoordeeld, is sterk. En de koningen van de aarde die seksuele immoraliteit met haar hebben bedreven en met haar in schaamteloze weelde hebben geleefd, zullen om haar huilen en zich op de borst slaan van verdriet als ze de rook van haar verbranding zien. Ze zullen uit angst voor haar pijniging op een afstand staan en zeggen: "Wat jammer, wat jammer Babylon, grote en sterke stad, want in één uur is je oordeel voltrokken!" Ook de kooplieden van de aarde huilen en rouwen om haar, omdat er niemand meer is die al hun goederen koopt, hun ladingen goud, zilver, edelstenen, parels, fijn linnen, purperen stoffen, zijde en scharlakenrode stoffen, en allerlei voorwerpen van geurig hout, van ivoor, van kostbaar hout, en van koper, ijzer en marmer, en ook kaneel, kardemom, wierook, geurige olie, geurige hars, wijn, olijfolie, meelbloem, tarwe, runderen, schapen, paarden, wagens, slaven en mensenlevens. De goede vruchten waarnaar je verlangde, ben je kwijt. Alle lekkernijen en schitterende dingen zijn voor je verloren gegaan ze zullen nooit meer gevonden worden. De kooplieden die deze dingen verkochten, die rijk van haar zijn geworden, zullen uit angst voor haar pijniging op een afstand staan en huilen en rouwen. Ze zeggen: "Wat jammer! Wat jammer van de grote stad, gekleed in fijn linnen, purper en scharlaken, en rijkversierd met gouden sieraden, edelstenen en parels, want in één uur is die enorme rijkdom verwoest!" En iedere scheepskapitein, iedereen die op zee vaart, de zeelieden en allen die op zee werken, stonden op een afstand. Terwijl ze naar de rook van haar verbranding keken, riepen ze: "Welke stad is als de grote stad?" Ze gooiden stof op hun hoofd en riepen, huilend en rouwend: "Wat jammer! Wat jammer van de grote stad, waarin iedereen die schepen op zee had, rijk werd door haar rijkdom want in één uur is ze verwoest!" Wees vrolijk over haar, hemel en ook jullie, heiligen, apostelen en profeten, want God heeft voor jullie zijn oordeel over haar uitgesproken!" Een sterke engel tilde een steen op zo groot als een molensteen, gooide hem in de zee en zei: "Zo zal Babylon, de grote stad, met een snelle worp worden neergeslingerd, en ze zal nooit meer gevonden worden." Het geluid van zangers die zichzelf op de harp begeleiden, van muzikanten, van fluitspelers en van trompetblazers zal nooit meer in je worden gehoord. Geen ambachtsman die welk vak maar ook uitoefent zal ooit nog in je te vinden zijn. Het geluid van een molensteen zal nooit meer in je worden gehoord. Geen licht van een lamp zal ooit nog in je schijnen, en de stem van een bruidegom en van een bruid zal nooit meer in je worden gehoord. Want je kooplieden waren de hooggeplaatste personen van de aarde en door je spiritistische praktijken zijn alle volken misleid. In deze stad is het bloed gevonden van profeten en van heiligen en van iedereen die op aarde is geslacht. Daarna hoorde ik iets dat klonk als een luide stem van een grote menigte in de hemel. Ze zeiden: "Loof Jah! De redding en de eer en de kracht zijn van onze God, want zijn oordelen zijn betrouwbaar en rechtvaardig. Hij heeft het oordeel voltrokken aan de grote hoer die de aarde met haar seksuele immoraliteit heeft verdorven. Hij heeft wraak genomen voor het bloed van zijn slaven dat aan haar handen kleeft." En meteen zeiden ze voor de tweede keer: "Loof Jah! Haar rook blijft voor altijd en eeuwig opstijgen." De 24 oudsten en de vier levende wezens vielen neer en aanbaden God, die op de troon zit, en zeiden: Amen! Loof Jah! En er kwam een stem vanaf de troon die zei: "Loof onze God! Laat al zijn slaven, die ontzag voor hem hebben, van klein tot groot hem loven." En ik hoorde iets dat klonk als een stem van een grote menigte en als bulderend water en als zware donderslagen. Ze zeiden: "Loof Jah, want Jehovah, onze God, de Almachtige, is als koning gaan regeren." Laten we blij zijn en juichen en hem eren, want de bruiloft van het Lam is aangebroken en zijn vrouw heeft zich klaargemaakt. Ze mag zich kleden in glanzend, zuiver, fijn linnen want het fijne linnen staat voor de rechtvaardige daden van de heiligen. Hij zei tegen me: "Schrijf op: gelukkig zijn degenen die zijn uitgenodigd voor het feestmaal van de bruiloft van het Lam." Ook zei hij: "Dit zijn de betrouwbare woorden van God." Toen viel ik aan zijn voeten om hem te aanbidden. "Pas op! Doe dat niet!" zei hij. "Ik ben maar een slaaf net als jij en je broeders, die de taak hebben over Jezus te getuigen. Aanbid God! Want het getuigenis over Jezus is wat inspireert tot profeteren." Ik zag de hemel geopend en er was een wit paard. Degene die erop zat, wordt Trouw en Waarachtig genoemd. Hij oordeelt en strijdt rechtvaardig. Zijn ogen zijn een vlammend vuur en op zijn hoofd heeft hij veel diademen. Hij heeft een geschreven naam die niemand kent, alleen hijzelf. Hij draagt kleding die met bloed bevlekt is. Zijn naam is: Het Woord van God. En de legers in de hemel volgden hem op witte paarden. Ze waren gekleed in wit, zuiver, fijn linnen. Uit zijn mond komt een scherp, lang zwaard om de volken neer te slaan. Hij zal ze hoeden met een ijzeren staf. Ook treedt hij de wijnpers van de razende woede van God de Almachtige. Op zijn kleding, op zijn dij, staat een naam geschreven: Koning der koningen en Heer der heren. Ik zag ook een engel in de zon staan. Hij riep met luide stem naar alle vogels die in het midden van de hemel vliegen: "Kom hier, kom allemaal naar Gods grote feestmaal, om het vlees te eten van koningen, het vlees van legerofficieren, het vlees van sterke mannen, het vlees van paarden en hun ruiters, het vlees van iedereen, vrijen en slaven, klein en groot." En ik zag dat het wilde beest en de koningen van de aarde en hun legers verzameld waren om oorlog te voeren tegen degene die op het paard zat en tegen zijn leger. Het wilde beest werd gegrepen en met hem de valse profeet, die voor zijn ogen de tekenen had gedaan waarmee hij degenen had misleid die het merkteken van het wilde beest hadden gekregen en die zijn beeld aanbaden. Ze werden allebei levend in het vurige meer gegooid dat met zwavel brandt. Maar de anderen werden gedood met het lange zwaard dat uit de mond kwam van degene die op het paard zat. En alle vogels aten zich vol aan hun vlees. Toen zag ik een engel uit de hemel neerdalen met de sleutel van de afgrond en een grote ketting in zijn hand. Hij greep de draak de oorspronkelijke slang, die de Duivel en Satan is, en bond hem vast voor 1000 jaar. Hij gooide hem in de afgrond, sloot die boven hem en verzegelde die, zodat hij de volken niet meer zou misleiden voordat de 1000 jaar voorbij waren. Daarna moet hij voor een korte tijd worden vrijgelaten. En ik zag tronen, en degenen die erop zaten kregen autoriteit om te oordelen. Ik zag de zielen van hen die terechtgesteld waren omdat ze getuigenis hadden gegeven van Jezus en hadden gesproken over God, en van hen die het wilde beest en zijn beeld niet hadden aanbeden en die niet het merkteken op hun voorhoofd of op hun hand hadden gekregen. Ze kwamen tot leven en regeerden als koningen met de Christus, 1000 jaar lang. (De andere doden kwamen pas tot leven toen de 1000 jaar voorbij waren.) Dit is de eerste opstanding. Gelukkig en heilig is iedereen die deelheeft aan de eerste opstanding. Over hen heeft de tweede dood geen autoriteit, maar ze zullen priesters van God en van de Christus zijn en ze zullen de 1000 jaar met hem als koningen regeren. Zodra de 1000 jaar voorbij zijn, zal Satan uit zijn gevangenis worden vrijgelaten. Hij zal eropuit gaan om de volken aan de vier hoeken van de aarde, Gog en Magog, te misleiden om hen voor de oorlog te verzamelen. Hun aantal is als het zand van de zee. Ze rukten op over de hele aarde en omsingelden het kamp van de heiligen en de geliefde stad. Maar er kwam vuur uit de hemel dat hen verteerde. En de Duivel, die hen misleidde, werd in het meer van vuur en zwavel gegooid, waar het wilde beest en de valse profeet al waren. Ze zullen dag en nacht gepijnigd worden, voor altijd en eeuwig.

Visioenen van Gods zegeningen voor de hemel en de aarde. (Openb. 20:11-22:5)

En ik zag een grote witte troon en degene die erop zat. De aarde en de hemel vluchtten van hem weg en er werd geen plaats voor ze gevonden. Ik zag de doden, van groot tot klein, voor de troon staan, en er werden boekrollen geopend. Maar er werd nog een andere boekrol geopend: de boekrol van het leven. Op grond van de dingen die in de boekrollen geschreven stonden, werden de doden geoordeeld naar hun daden. De zee stond haar doden af en de dood en het Graf stonden hun doden af, en ze werden afzonderlijk geoordeeld naar hun daden. De dood en het Graf werden in het meer van vuur gegooid. Dit meer van vuur betekent de tweede dood. Bovendien werd iedereen die niet in het boek van het leven geschreven bleek te zijn, in het meer van vuur gegooid. En ik zag een nieuwe hemel en een nieuwe aarde. Want de vroegere hemel en de vroegere aarde waren voorbijgegaan, en de zee is er niet meer. Ik zag ook de heilige stad, het Nieuwe Jeruzalem, bij God vandaan uit de hemel neerdalen, klaar als een bruid die zich mooi heeft gemaakt voor haar man. Toen hoorde ik een luide stem vanaf de troon zeggen: "Kijk! De tent van God is bij de mensen en hij zal bij hen wonen. Ze zullen zijn volk zijn en God zelf zal bij hen zijn. Hij zal elke traan uit hun ogen wissen. De dood zal er niet meer zijn. Er zal geen rouw, geen gehuil en geen pijn meer zijn. De dingen van vroeger zijn voorbij." Hij die op de troon zat, zei: Kijk! Ik maak alles nieuw. Ook zei hij: "Schrijf, want deze woorden zijn betrouwbaar en waar." En hij zei tegen me: "Ze zijn werkelijkheid geworden! Ik ben de Alfa en de Omega het begin en het einde. Aan iedereen die dorst heeft, zal ik vrij te drinken geven uit de bron met levengevend water. Iedereen die overwint, zal deze dingen erven. Ik zal zijn God zijn en hij zal mijn zoon zijn. Maar de lafaards, degenen zonder geloof, degenen die onrein en walgelijk zijn, de moordenaars, de seksueel immorele mensen, degenen die aan spiritisme doen, de afgodenaanbidders en alle leugenaars: hun deel is in het meer dat met vuur en zwavel brand. Dat betekent de tweede dood." Eén van de zeven engelen met de zeven schalen die vol waren met de zeven laatste plagen, kwam en zei tegen me: "Kom, ik zal je de bruid, de vrouw van het Lam, laten zien." Hij bracht me in de kracht van de geest naar een grote, hoge berg en liet me de heilige stad Jeruzalem zien, die bij God vandaan uit de hemel neerdaalde en de glorie van God had. Haar glans was als een kostbare edelsteen, als een kristalhelder schijnende jaspis. Ze had een grote, hoge muur en poorten, met engelen bij de poorten. Op de poorten waren de namen gegrift van de stammen van de zonen van Israël. Er waren drie poorten op het oosten, drie poorten op het noorden, drie poorten op het zuiden en drie poorten op het westen. De muur van de stad had ook fundamentstenen en daarop stonden de namen van de apostelen van het Lam. Degene die tegen mij sprak, had een gouden rietstok om de stad, de poorten en de muur te meten. De stad was vierkant, even lang als breed. Hij mat de stad met de rietstok: 12.000 stadie. De lengte, breedte en hoogte waren gelijk. Hij mat ook de muur: 144 in mensenmaat, die tegelijk engelenmaat is. De muur was gemaakt van jaspis en de stad was van zuiver goud, als helder glas. De fundamenten van de stadsmuur waren met allerlei edelstenen versierd: het eerste fundament was jaspis, het tweede saffier, het derde chalcedon, het vierde smaragd, het vijfde sardonyx, het zesde sardius, het zevende chrysoliet, het achtste beril, het negende topaas, het tiende chrysopraas, het elfde hyacint en het twaalfde amethist. De poorten waren parels. Elke poort was gemaakt van één parel. De hoofdstraat van de stad was van zuiver goud, als doorzichtig glas. Ik zag daarin geen tempel, want Jehovah God, de Almachtige, is haar tempel, net als het Lam. En de stad heeft de zon en de maan niet nodig om op haar te schijnen, want de glorie van God verlichtte haar en het Lam was haar lamp. De volken zullen bij haar licht wandelen, en de koningen van de aarde zullen er hun glorie binnenbrengen. De poorten zullen overdag nooit gesloten worden, want er zal geen nacht bestaan. De pracht en de eer van de volken zullen er worden binnengebracht. Maar alles wat verontreinigd is en iedereen die doet wat walgelijk en bedrieglijk is, zal er absoluut niet binnengaan. Alleen zij die opgeschreven zijn in de boekrol van het leven van het Lam zullen er binnengaan. Hij liet me een rivier van levengevend water zien, helder als kristal. Die stroomde vanuit de troon van God en van het Lam over het midden van haar hoofdstraat. Aan beide kanten van de rivier stonden levensbomen die 12 keer per jaar vrucht droegen elke maand gaven ze hun vruchten. En de bladeren van de bomen waren voor de genezing van de volken. Er zal geen enkele vervloeking meer zijn. De troon van God en van het Lam zal in de stad staan. Zijn slaven zullen heilige dienst voor hem doen. Ze zullen zijn gezicht zien en zijn naam zal op hun voorhoofd staan. Ook zal er geen nacht meer zijn. Ze hebben geen licht nodig van lamp of zon, want Jehovah God zal hen verlichten. Ze zullen als koningen regeren voor altijd en eeuwig.

Besluit (Openb.22:6-21)

Hij zei tegen me: Deze woorden zijn betrouwbaar en waar. Jehovah, de God die de profeten heeft geïnspireerd, heeft zijn engel gestuurd om aan zijn slaven te laten zien wat er binnenkort moet gebeuren. Luister! Ik kom vlug. Gelukkig is iedereen die zich houdt aan de woorden van de profetie van deze boekrol. Ik, Johannes, was het die deze dingen hoorde en zag. Toen ik ze hoorde en zag, viel ik in aanbidding neer aan de voeten van de engel die me dat had laten zien Maar hij zei tegen me: "Pas op! Doe dat niet! Ik ben maar een slaaf net als jij en je broeders, de profeten, en degenen die zich houden aan de woorden van deze boekrol. Aanbid God." Ook zei hij tegen me: "Verzegel de woorden van de profetie van deze boekrol niet, want de vastgestelde tijd is nabij. Laat de onrechtvaardige doorgaan met onrechtvaardigheid en laat de onreine doorgaan met zijn onreinheid. Maar laat de rechtvaardige doorgaan met rechtvaardigheid en laat de heilige doorgaan met heiligheid.

"Luister, ik kom vlug! Het loon dat ik geef, heb ik bij me, om iedereen te geven wat hij voor zijn daden verdient. Ik ben de Alfa en de Omega, de eerste en de laatste, het begin en het einde. Gelukkig zijn zij die hun gewaden wassen, zodat ze het recht krijgen om naar de levensbomen te gaan en ze toegang tot de stad krijgen via haar poorten. Buiten zijn de honden, zij die aan spiritisme doen, de seksueel immorele mensen, de moordenaars, de afgodenaanbidders en iedereen die graag liegt en bedriegt." "Ik, Jezus, heb mijn engel gestuurd om aan jullie getuigenis over deze dingen te geven voor de gemeenten. Ik ben de wortel en de nakomeling van David en de heldere morgenster." De geest en de bruid blijven zeggen: "Kom!" En laat iedereen die het hoort, zeggen: "Kom!" Laat iedereen die dorst heeft komen. Laat iedereen die wil vrij van het levengevende water nemen. "Ik getuig aan iedereen die de woorden van de profetie van deze boekrol hoort: Als iemand hier iets aan toevoegt, zal God hem de plagen toevoegen die in deze boekrol zijn beschreven. Als iemand iets afneemt van de woorden van de boekrol van deze profetie, zal God hem zijn deel afnemen van de levensbomen en van de heilige stad, die in deze boekrol zijn beschreven. Degene die van deze dingen getuigt, zegt: "Ja, ik kom vlug." 'u'Amen! Kom, Heer Jezus. Mag de onverdiende goedheid van de Heer Jezus met de heiligen zijn.

Een paar punten en hulp om het boek Openbaring te begrijpen, zijn:

Voor personen die God aanbidden is de betekenis positief. Er is heel veel over onderzocht. Het woord Apocalyps wordt meestal met rampzalige gebeurtenissen geassocieerd; Het boek Openbaring, begint en eindigt door te zeggen, wie deze boodschap leest, begrijpt en toepast, gelukkig zal zijn (Openb.1:3; 22:7)

- Openbaring gebruikt veel tekenen of symbolen die niet letterlijk opgevat moeten worden.(Openb.1:1) belangrijke entiteiten worden eerder in de Bijbel geïntroduceerd:
- Jehovah de ware God en Schepper van alle dingen
- Jezus Christus: Het Lam Gods
- Satan de Duivel: Gods tegenstanders
- Babylon de Grote: hetzelfde als het oude Babylon (Babel) een vijand van Jehovah en zijn volk en een bron van religieuze leugens
- De zee: alle slechte mensen die tegen God gekant zijn
- Aspecten die overeenkomen met kenmerken van de oude tabernakel, die voor Gods aanbidding werd gebruikt, zoals de ark van het verbond, de glazen zee (wasbekken) lampen, reukwerk en een offeraltaar.
- Wilde beelden: afbeeldingen van menselijke regeringen.
- Getallen die symbolisch worden gebruikt.

De visioenen gaan over de dag des Heren, die begon toen Gods Koninkrijk werd opgericht en Jezus als Koning begon te regeren. We kunnen dan ook verwachten dat de voornaamste vervulling van Openbaring in onze tijd zal plaatsvinden.

Ik had een missie en opdracht "God will do something with you". Toen ik hem voor het laatst zag, zei hij dat hij naar zijn huis ging en in de plaats van Omar, zijn naam veranderd is in AL HAJ O FOFANA. De organisatie van Jehovah Getuigen is de organisatie op aarde, waarbij het woord van God samen met de tekenen die door de Here Jezus Christus zijn genoemd goed uitgewerkt worden. Mijn Vader stamt van die lijn af. Ik ben gelukkiger dan ooit tevoren. De kracht van God is in mij, een levengever. In mijn omgeving genezen mensen zonder dat ik het zelf doe. Daar heb ik bewijzen van. Dat is het doel van Gods plan. In de Organisatie is alles ordelijk en het is duidelijk te zien hoe liefdevol ze zijn. Ik ben er.

Met de wijsheid van Gods heilige geest, Gebed en respect voor het woord van de Heilige Schrift en hulp van mensen die het waardig zijn, kunnen mensen de Here Jezus Christus volgen; door Bijbelstudie, gedoopt worden, zoals hij het voorbeeld gaf, te prediken, en vervolgens zo een volgeling van God de Almachtige zijn.

DE VIER RUITERS VAN DE APOCALYPS (OPENB. 19:11,13,14)

"De Apocalyps is de dag des oordeels" De Griekse naam van het Bijbelboek Openbaring is *Apokalupsis* (apocalyps) en betekent Onthulling. Die naam geeft de betekenis van Openbaring weer. Het boek onthult dingen die verborgen waren en vertelt over gebeurtenissen die zouden plaatsvinden lang nadat het boek werd geschreven. Veel voorspellingen die erin staan, moeten nog uitkomen.

- HET VURIG GEKLEURD PAARD

Er kwam een ander tevoorschijn, een vurig gekleurd paard; en hem die erop zat, werd gegeven de Vrede van de aarde weg te nemen, zodat zij elkaar zouden afslachten; en hem werd een groot zwaard gegeven. (Openb. 6:4)

Deze ruiter vertegenwoordigt oorlog. Hij neemt de vrede weg van de hele aarde, niet alleen maar van een paar landen. In 1914 ontstond er voor het eerst een wereldoorlog. Die werd gevolgd door een tweede wereldoorlog die nog dodelijker was. Volgens sommige schattingen komt het aantal sterfgevallen vanwege oorlog en gewapende conflicten sinds 1914 neer op meer dan 100 miljoen! Daarnaast raakten vele mensen ernstig gewond.

In hoeverre is oorlog een kenmerk van nu?

Voor de eerste keer in de geschiedenis lijkt de mensheid het vermogen te hebben om al het leven op aarde uit te roeien. Zelfs zogeheten vredeshandhavende organisaties als de Verenigde Naties hebben de ruiter op het vuurrode paard niet kunnen tegenhouden.

• HET ZWARTE PAARD

Ik zag, en zie! Een zwart paard; en die erop zat, had een weegschaal in zijn hand. En ik hoorde een stem die uit het midden van de vier levende schepselen scheen te komen, zeggen: "Een liter tarwe voor een Denarius en drie liter gerst voor een denarius; en breng geen schade toe aan de olijfolie en de wijn."(Openb.6:5,6).

Deze ruiter vertegenwoordigt hongersnood. In dit Bijbelgedeelte wordt gesproken over zo'n ernstig gebrek aan voedsel dat een liter (0,7 kilo) tarwe een denarius zou kosten, wat in de eerste eeuw een dagloon was!(Matth. 20:2) Met diezelfde munt kon drie liter (2,1 kilo) gerst gekocht worden, dat werd gezien als een graansoort van mindere kwaliteit dan tarwe. Daar zou een groot gezin niet lang van kunnen leven. De mensen worden vervolgens gewaarschuwd om zelfs zuinig te zijn met dagelijkse benodigdheden, wat treffend wordt afgebeeld door de basisproducten van die tijd en cultuur, zoals olijfolie en wijn. Hebben we sinds 1914 gezien dat de ruiter op het zwarte paard aan zijn rit is begonnen? Absoluut! In de 20ste eeuw zijn zo'n 70 miljoen mensen gestorven aan een gebrek aan voedsel. Volgens één vooraanstaande bron waren van 2012-2014 naar schatting 805 miljoen mensen – ongeveer 1 op de 9 mensen ter wereld – chronisch ondervoed. In een ander rapport wordt gezegd: "Honger doodt jaarlijks meer mensen dan aids, malaria en tuberculose samen." Ondanks veel oprechte pogingen van mensen om iedereen genoeg eten te geven, blijft de ruiter op het zwarte paard doorrijden.

• DE RUITER OP HET VALE PAARD

Ik zag, en zie! Een vaal paard; en die erop zat, droeg de naam Dood. En Hades [het Graf] volgde dicht achter hem. En hun werd autoriteit gegeven over het vierde deel van de aarde, om te doden met een lang zwaard en met voedseltekorten en met dodelijke plagen en door de wilde beesten van de aarde. (Openb. 6:8)

De vierde ruiter vertegenwoordigt dood veroorzaakt door plagen en andere factoren. Kort na 1914 kwamen tientallen miljoenen mensen om door de Spaanse griep. Er waren mogelijk zo'n 500 miljoen mensen besmet, ongeveer een derde van de toenmalige wereldbevolking.

Maar de Spaanse griep was pas het begin. Deskundigen schatten dat in de 20ste eeuw honderden miljoenen mensen zijn overleden aan pokken. Ook nu nog sterven miljoenen mensen ondanks grondig medisch onderzoek vroegtijdig aan aids, malaria en tuberculose. Het eindresultaat is hetzelfde: de dood – of het nu door oorlog hongersnood of ziekte wordt veroorzaakt. Het Graf is genadeloos. Het verzamelt de vele slachtoffers zonder enige hoop te bieden.

• ER KOMT EEN BETERE TIJD

De huidige periode van ellende zal binnenkort afgelopen zijn. Onthoud: Jezus trok er in 1914 als overwinnaar op uit, waarbij hij Satan naar de aarde verdreef, maar Jezus had zijn overwinning toen nog niet *voltooid*. *(Openb.6:2;12:9,12)* Binnenkort zal Jezus tijdens Armageddon een eind maken aan Satans invloed en zal hij de mensen die de Duivel steunen, vernietigen. (Openb. 20:1-3) Jezus zal niet alleen de rit van de andere drie ruiters beëindigen, hij zal de gevolgen van hun verwoestende rit zelfs *ongedaan maken*. De Bijbel maakt duidelijk hoe hij dat zal doen.

In plaats van oorlog zal er vrede zijn. Jehovah doet oorlogen ophouden tot het uiteinde der aarde. De boog verbreekt hij en hij slaat de speer werkelijk aan stukken. Mensen die van vrede houden, zullen intens genieten van de overvloed van vrede.

In plaats van hongersnood zal er genoeg voedsel zijn. Er zal volop koren op aarde blijken te zijn; op de top der bergen zal overvloed zijn.

Gods organisatie in de hemel.
(Openbaring 14:1-20)

• De kleine kudde, de 144000, en de grote schare, die niemand tellen kon voor het lam, uit alle natiën en stammen en talen, staande voor de troon en voor het Lam, gehuld in lange witte gewaden, en er waren palmtakken in hun handen,

Vóór de troon en vóór de vier levende wezens en de oudsten zingen wat een nieuw lied lijkt te zijn. Niemand kon dat lied leren behalve de 144.000 die van de aarde zijn gekocht. (Openb. 14:3)

Dezen zijn het die het Lam blijven volgen waarheen hij ook gaat. Dezen werden uit het midden van de mensen gekocht als eerstelingen voor God en voor het Lam en in hun mond werd geen onwaarheid gevonden. Zij zijn zonder smet. En ik zag en zie! Het Lam stond op de berg Sion en met hem honderdvierenveertigduizend, die zijn naam en de naam van zijn Vader op hun voorhoofd geschreven droegen. En ik hoorde een geluid uit de hemel als het geluid van vele wateren en als het geluid van zware donder; en het geluid dat ik hoorde, was als van zangers die zichzelf op de harp begeleiden, spelend op hun harpen. En zij zingen als het ware een nieuw lied vóór de troon en vóór de vier levende schepselen en de oudere personen en niemand kon zich dat lied eigen maken dan de honderdvierenveertigduizend die van de aarde zijn gekocht. Dezen zijn het die zich niet met vrouwen hebben bevlekt; "Ja zij zijn maagden." Dezen zijn het die het Lam blijven volgen waarheen hij ook gaat. Dezen werden uit het midden van de mensen gekocht als eerstelingen voor God en voor het Lam, en in hun mond werd geen onwaarheid gevonden; zij zijn zonder smet. (Joh.14:1-5).

Hij zal zich stellig wenden tot het gebed van hen die berooid zijn. En hun gebed niet verachten. Dit wordt opgeschreven voor het toekomstige geslacht. En het volk dat geschapen zal worden, zal Jah loven. Want hij heeft neergezien uit zijn heilige hoogte. Ja, uit de hemel heeft Jehovah zelf naar de aarde gezien. Om het gezucht van de gevangene te horen. Om de ten dode gedoemden los te maken opdat de naam van Jehovah wordt bekendgemaakt in Sion. En zijn lof in Jeruzalem. Wanneer de volken, de grote schare, allemaal worden bijeengebracht. (Matth. 25:31-46). En de koninkrijken om Jehovah te dienen. Onderweg heeft hij mijn kracht aangetast. Hij heeft mijn dagen verkort. Ik zei toen: "O mijn God," neem mij niet weg op de helft van mijn dagen. Uw jaren duren alle geslachten door. Lang geleden hebt gij de grondvesten gelegd van de aarde. En de hemelen zijn het werk van uw handen. Maar gij zijt dezelfde en uw jaren zullen niet voltooid worden. De zonen van uw knechten zullen gedurig verblijf houden. En voor uw aangezicht zal hun eigen nageslacht stevig bevestigd worden." (Ps.102:17-28).

• De kleine kudde.

De kleine kudde, de 144000, regeert samen met Jezus Christus in het Koninkrijk der hemelen.

• De grote schare.

De grote schare die niemand tellen kon, wordt vergeleken met de schapen van een goede Herder. De schapen die Jezus Christus moeten volgen. Gehoorzame mensen.

Jehovah's naam worde geheiligd in dit gebed. Jehovah wordt in dit gebed onze vader genoemd. Jehovah's naam is een sterke toren. Bij het noemen van zijn naam treedt de rechtvaardige binnen. God is rechtvaardig en biedt bescherming.

Ik heb ervaren hoe dit gebed demonen bestraft. Het gebed omvat ook het toekomstige koninkrijk der hemelen. Het koninkrijk is een regering, die vanuit de hemel zal regeren, zoals in Daniël 2:44 is geprofeteerd. Aan het koninkrijk zal geen einde komen. Jehovah's wil geschiede. Het koninkrijk van de wereld is het koninkrijk van onze Heer en van zijn Christus geworden en hij zal voor altijd en eeuwig als koning regeren. En in Jesaja 9:6 "Een zoon is ons gegeven; en de vorstelijke heerschappij zal op zijn schouder komen" Jezus Christus en de 144000 mede regeerders, veroordeelt mensen. Jezus Christus regeert nu in de hemel en op aarde.

Ons dagelijks brood.

Ik heb vandaag brood gegeten en dat is voldoende om de hele dag van te leven. Brood houdt ons in leven. Ik heb in een tijd van geldgebrek op vakantie van een heel brood moeten leven en dat lukte, dat kwam door Gods heilige geest. Zo ook mocht ik door de geest van God zonder eten met een fles water van een halve liter vier dagen overleven. Ontberingen, omdat ik heilig ben.

Op brood en water leven is mogelijk in tijd van nood.

Ik schrijf over Légène Alwien Zeefuik, beter bekend als Blow Fly, omdat hij de redder is van ons. Hij zal nooit toelaten, dat ons iets overkomt. Hij is bij zijn zoon en helpt hem. Ze lijken op twee druppels water op elkaar.

Soms denk ik bij mezelf: ik kan van dit kind veel leren.
Zo geduldig en goed.

Een rechter in de hemel.

Vergeef ons onze schulden.

Het onze-vader-gebed heeft zo een daadwerkelijke kracht gehad, toen hij op zijn knieën zat, omdat ik hysterisch was, omdat ik niet meer kon trouwen. Hij heeft een besluit moeten nemen, omdat ik geen respect toonde voor de moeite die hij had gedaan om ons gelukkig te maken. Waarom? Ik was heel erg brutaal, omdat ik niet gelukkig was. Ik was erg jong en onervaren in het leven. Wij moesten niet uit elkaar en toch kwam er iets tussen. Ik had het niet in de hand. Ik moest luisteren naar mijn man. Vooral nu heb ik dit gebed nodig, omdat ik er alleen voor sta om deze taak, die van God afkomstig is uit te voeren. Ik moet bidden voor mijn twee kinderen. Wie het wil, mag dat ook doen, want ik bid dat zij God ook aanbidden en niet gehinderd moeten worden door invloeden van buitenaf. Ik heb Gelukkiger dan ooit tevoren de geest van God ontvangen. Jezus help ons alstublieft zodat wij niet hoeven te lijden.

Ik kan makkelijk vergeven. En laat het oordeel aan God over of ze het verdienen. Houden ze op of niet. We zijn onvolmaakt en vergeven elkaar. Het is het beste om met de juiste mensen om te gaan in dit leven. Een signaal voor mij toen, maar begreep het niet. Iedereen denkt aan zichzelf.

Wat houdt die functie in?

Jezus is de Koning van hen die als koningen regeren en Heer van hen die als heren regeren. Hij is de enige die onsterfelijkheid heeft, in een ontoegankelijk licht woont, die door geen mens gezien is of gezien kan worden. Hem komt eer en eeuwige macht toe. Amen.

De zoon van Jehovah zit aan zijn rechterhand op zijn troon in de hemel. Zoals je kunt lezen in Matth. 25: 31-33 "Wanneer de zoon des mensen gekomen zal zijn in zijn heerlijkheid en alle engelen met hem, dan zal hij op zijn glorierijke troon plaatsnemen. En alle natiën zullen voor hem vergaderd worden, en hij zal de mensen van elkaar scheiden, zoals een herder de schapen van de bokken scheidt. En de schapen zal hij aan zijn rechterhand zetten, maar de bokken aan zijn linkerhand. En hij zal voor eeuwig als koning over het huis van Abraham, Isaak en Jacobs nageslacht regeren en aan zijn koninkrijk zal geen einde zijn."

Niettemin hebt gij enkele namen in Sardes die hun bovenklederen niet hebben verontreinigd en zij zullen met mij in witte klederen wandelen omdat zij het waardig zijn. (Openb. 3:4.) Gezalfden van God die samen met hem regeren.

"Wees niet bang, want ik ben bij je, vrees niet, want ik ben je God, Ik zal je sterken, ik zal je helpen, je steunen met mijn onoverwinnelijke rechterhand," is de uitspraak van Jehovah. (Jes. 41:10.) was de jaartekst van 2019. Het gaf mij troost tegen de strijd.

Ik vertel mijn verhaal vooral als een getuigenis, zodat men weet wie ik ben. Iemand die leeft ondanks wrede individuen. God grijpt in. God Jehovah heeft mij persoonlijk via zijn visioen laten zien hoeveel hij van mij houdt. En dat zijn liefde stroomt als helder water tot in eeuwigheid Amen.

Wat heeft Jezus voor mij gedaan?

Toegesproken, want hij zag de dood van de slechten geprojecteerd over mijn leven en zei: "Zie toe op mij." Ik moest gaan vertellen wat hij voor mij heeft gedaan, maar iedere keer maakten zij mijn geluk kapot. Hinderden mijn wegen. Ik leef, zegt Jezus, hij of zij niet en zij zijn ziedend, Op de kracht van Jezus in mij.

Jezus heeft mij gered. Met welk doel?

Genezing van zielen, zieken genezen en gebroken harten genezen en mensen helpen zich te bekeren tot vergeving van zonden.

Mij in leven gehouden om de vijanden een antwoord te geven, dat ik gelukkiger dan ooit heb in mijn leven.

De kracht die datgene te boven gaat neer te halen en alles wat mij hindert. Zodat mijn zegeningen en geluk en gezondheid en bovenal de liefde die ik voor hem en God heb en voor mijn kinderen kan laten zien.

Jezus heeft mij gered om te leven.

Ik heb vaker gehoord via profetieën dat hij wil dat ik de gemeente zegen en de boodschap van liefde overbreng aan iedereen. Ik kreeg en krijg er geen gelegenheid voor. Ze boycotten de hele boel en vernietigen en stelen al mijn plannen en ideeën. Ik had een boek BIG IDEA. Ik wilde mijn zegeningen zien. Ik had plannen voor een school voor kinderen in Suriname , een boekenwinkel met artikelen die Jehovah en Jezus eren. Mijn doel was kinderen te onderwijzen in Gods woord en opvoeding. Ter ere van de Here Jezus. En zorgen voor een samenleving met geestelijk opgevoede Christelijke kinderen. Zelfs dat gunden ze mij niet. Alles is vernietigd. Je vraagt je af waarom mensen dat doen. Ze wilden mijn geestelijke vermogens vervloeken. Men zou te weten komen wie ik ben, omdat de samenleving over mijn goedheid zou praten en ook, omdat ik zangtalent heb en van plan was een lied uit te brengen in Suriname. Jezus help mij, alstublieft. Het was mijn doel om zo voor het land waar ik vandaan kom een bijdrage te leveren aan de ontwikkeling van een groep kinderen die Jehovah en Jezus Christus zouden leren kennen bejubelen met liederen. Een bestaan van kinderen die gelukkiger dan ooit tevoren liefhebben; kinderen die Jezus liefhebben en Gods werk kunnen voortzetten.

Visioen

De hand van God.

Jehovah heeft mij zijn hand laten zien in een visioen. Ik ben vaak genoeg achtervolgd door de vijand. Als ik zeg vijand dan bedoel ik mensen, die het me niet gunnen geluk te hebben of gelukkig te zijn. Het Geluk dat God mij heeft gegeven vernietigen, het willen stelen en doen alsof het voor hen is bedoeld en ermee doen wat ze willen, mij nadoen. Je de afgrond in willen boren om met de zegeningen van God vandoor te gaan. Ik heb vaker iemand meegemaakt, die stiekem iets te eten gaf om vervolgens door een of andere onreine macht vernietiging aan te richten. Ik moet mensen helpen. Omdat ik de kracht van God vrij heb gekregen, houden zij het tegen. Dat is niet Christelijk. Het was alsof de duisternis mij had overweldigd, maar ik was bij bewustzijn. Dit gebeurde er eens in 2014. Ik kwam thuis, ging op bed liggen. Legde automatisch mijn handen gekruist over de borst; viel weg alsof ik dood was. Kwam in de hemel terecht en de hand van God stuurde mij terug. De hand leek op een mooie mannenhand met een rode zegelring. Prachtig! Sindsdien wilde ik het tekenen en iedere keer weer werd ik gehinderd door een of andere vervloeking van die individuen. Mijn handafdrukken hebben ze ook gestolen. Het is genoeg!

Het is prachtig daar; onbeschrijfelijk mooi. Het is niet de eerste keer dat mij zoiets is overkomen. Meerdere malen hebben ze het geprobeerd mij met duivels te vervloeken. Door in mijn voedsel drankjes te gooien die ten grondslag liggen aan duivelse rituelen. Giny in a bottle. Ik heb gemerkt dat mij niets overkomt, want ik leef. Jehovah's geest werkt door mensen zoals ik, omdat ik goed ben, ook al zeg ik het zelf. Ik laat een ieder in hun waarde en gun iedereen zijn geluk. Zal nooit iemand opzettelijk pijn doen. En eens toen ik over een plek liep waar het lag het dwars door mij heen vernietigd werd. Niemand moet mij nog hinderen. In de jaren '80 was het zo erg. Ik zat in de tram op zoek naar hulp bij een machtige man Omar, die Gods werk doet een Moslim. Mensen helpt die hulp nodig hebben. Hij noemde zichzelf Professor Al Haj O Fofana, omdat hij wist wat mij zou overkomen en beschermde mij. Hij gaf mij een opdracht om niet op zoek te gaan naar andere hulp. Hij zei: "Ga naar degene." Toen begreep ik waarom ik niet de kracht of moed had om aan te bellen bij, die een zegen voor mij was. Iemand hield ons altijd uit elkaar en doet het nog steeds met demonische machten. Ironisch genoeg is die, een vervloekte geest, lid van een kerk. De dag van hun huwelijk. Ik besef nu dat zij stiekem in mijn eten of drinken iets hebben gedaan en tot nu toe ons allemaal heeft besmet met de drankjes van duivelse aard. Lag op de grond, herinnerde ik me, op de bewuste dag en wilde of kon niet opstaan. Ik heb hem niet wetende wat er gebeurd was, vermaand, want dat was foute boel, niet opstaan voor je bewuste dag. Een schande voor hen. Het is alsof hij niet gelukkig was en niet in staat was om te getuigen daarvan. *Kom maar uit je bedstee mijn liefste.* Na de bewuste karakter assassins-dag, kwam mijn liefdevolle grootmoeder op bezoek in Nederland door mij gefinancierd. Ik houd heel veel van mijn ouders en grootouders en in het bijzonder mijn moeder, omdat ze een leprapatiënt was. En ik haar eerste dochter ben waar ze veel hoop koesterde om haar te verzorgen en liefde in financiële, materiële zin en troost vooral. Een hulp voor haar moest zijn. Dat drong wel tot mij door. Ik heb in die tijd een zoon van Légène Zeefuik gekregen. Een bijzonder mens. Echter de situatie veranderde toen een man tegen mijn zoon zei: "Ik ben je vader niet." Omdat hij vroeg de bal voor hem te halen. Dacht ik bij mijzelf: Ik geef geen andere man de kans mijn zoon te mishandelen in geestelijk of fysieke zin. Er ontstond veel onenigheid in de familie door de gekken. Mijn grootmoeder ging terug naar haar geboorteland. Ik heb beloofd, dat ik ervoor zou zorgen, dat zij weer bij ons zou komen wonen. En zei tegen mijn moeder: "Als Oma is geweest, zou ik graag u ook willen hebben in Nederland." Ze liet merken dat ze het niet wilde. Ze kon toen niet. Ik probeerde via de leprastichting hulp te vinden voor haar in Suriname. Maar kon niet veel doen dan verzoeken om hulp voor haar. Vanaf dat moment begon het. Ik verloor op mysterieuze wijze mijn werk als leerkracht. Gooide soms dingen weg, waarbij ik achteraf dacht. Nee, het is niet waar. Dat is niet wat ik wil. Tot op de dag van vandaag houdt diegene, diegene bij mij weg en is diegene niet meer de persoon, zoals ik diegene ken. Ik heb diegene heel lang niet gezien. Diegene is bezig geweest dingen kapot te maken, opzettelijk een andere wending aan het leven van iemand te geven, zodat het kapot gaat. Maar God grijpt in. Toen ik in de jaren '80 weer bij Omar was riep hij mij in zijn kamer en liet zien wat God aan hem vertelde. Dat ik speciaal ben in Gods ogen en iets belangrijks voor God moet doen. Een missie heb. Wat liet hij zien. Hoe de hand van God schreef. Precies zoals de vingers die het handschrift op de muur schreven, tijdens het feest van Koning Belsazar, de kleinzoon van Koning Nebukadnezar van Babylon. Hij had uit de bekers en schalen van Jehovah's tempel gedronken in Dan.5: 1-31

Hij deed het niet zelf. De pen schreef vanzelf. Zoals de hand van Mozes in Exodos 8:19. De magiërs zeiden tegen de farao: "Het is de vinger van God!" Maar de Farao bleef koppig, en hij luisterde niet naar hen, zoals Jehovah had gezegd.

God werkt via mensen. God zag waarom ik geen kinderen meer kreeg. Hij zei nog daarna: "Ga niet naar een saucer of een of andere geestenuitdrijver van dien aard." Maar ik werd steeds achtervolgd door individuen, die jaloers zijn en het mij niet gunnen dat ik het kan, en dat God van mij houdt. Ik had geen vat op mijn leven. Verloor de ene baan na de andere. Zo gevaarlijk zijn de mensen en ging hulp zoeken maar vond die niet. Uit wanhoop zocht ik steeds hulp in die periode. In 2004 werd ik weer aangevallen door een van de andere handlangers en kwam dezelfde heilige geest van God in mij net als bij Omar om mij te helpen.En te liet zien, wat ik moest doen. De vinger van God. Ik leefde maar kon niet zelf meer nadenken. Ik was geestelijk weer doodgemaakt door geesten van een van die mensen. Iemand werd bang. Die riep de hulp van een dienaar in. Ik zag hoe geduldig zij met ons omging, in gebed ging en na verloop van tijd was ik genezen van de demonen. Want ik ging steeds naar de zaal van *Jehovah's* getuigen. En bad elke dag of mijn geest weer mocht zijn of worden zoals mijn moeder mij heeft gebaard, rein en puur en het lukte. Zij gingen verder met hun wreedheid, want iemand liep stage en logeerde bij een slecht mens. Ineens belde degene na een week of anderhalf op. Het gaat niet goed. Met redenen die nergens op slaan. Gemeen waren ze en zijn ze. In die periode hebben ze het geluk weggenomen dat iemand daar kon logeren en van mij ook, toen ik daar logeerde. Die had iemand met de Giny in a bottle besmet. Die ik de naam gaf "de fles van…" Wij waren eens op visite en kwamen in de keuken. Die had de fles in de hand en stopte met het losdraaien van de dop. Deed alsof het die niet open kreeg. Toen ik vroeg wat zit daarin? Gaf het als antwoord: "de fles van…" na die periode kan ik mij herinneren dat wij niet meer daar kwamen. Het doodt het karakter van mensen met die drankjes: karakter assassin. Dat doen ze vaak genoeg met familie. Bijna Iedereen heeft iets naar binnen gehad. *Mijn familie en kinderen zijn gelukkig en begrijpen het niet zo goed, vermoed ik. Vanaf de periode, dat iemand uit huis is gegaan en samenwoont met iemand die mijn geest hindert, gaat het vaak mis met bepaalde dingen.*

Ik heb geen man meer, door die tegenwerkingen van demonische aard door diegenen en de jaloerse, hebzuchtige personen: Ieder spreekt voor zich en van wie ik het niet zou verwachten. Uit ervaring blijkt dat een vrouw een man moet hebben, ook al is die krom. Een vrouw zonder man is een prooi voor heel veel onrechtvaardigheid. Een vrouw hoort bescherming van God op de eerste plaats te hebben, door zijn woord en gebed en nooit alleen te zijn. Een volledig gezin is de hoeksteen van de samenleving, dat is waar. Het hangt vooral af van de liefde en de omstandigheden van vaders en zonen. Een man beschermt het gezin door zijn aanwezigheid en fysieke kracht. In de Bijbel staat over het eerstgeboorterecht van erfgenamen dat het de mannelijke kinderen zijn die uitgekozen worden voor nageslacht. Mannen horen met een vrouw en kinderen in een gezin, samen gelukkig te leven. Ik weet uit ervaring dat wij gered zouden zijn als Légène Alwien Zeefuik in leven was. Dat was een rechtvaardig mens en bracht ons veel geluk. Alleen door zijn aanwezigheid en grote heilige kracht. Kon niet tegen onrechtvaardigheid en hij kon heel erg boos worden, wanneer iemand wordt mishandeld en omstanders toekijken. Mag de Engel van Jehovah ingrijpen in Jezus Christus naam, Amen.

Het gezalfde bloed van Jezus Christus redt ons en wij blijven eronder en niemand kan ons uit zijn handen wegnemen. Zij mogen ons niet meer hinderen in ons bestaan, maar respect hebben voor de gaven die God ons heeft gegeven. En diegenen zullen moeten stoppen.

Ik vergeef hen. Zij moeten stoppen met deze praktijken en ons met rust laten. Ze willen mijn dingen stelen en doen voorkomen alsof het van hen is. "Gij zult niet stelen." Dat komt niet meer voor dat iemand mijn zegeningen steelt. Jezus help ons. Ik ga liever met liefdevolle mensen om, waar ik blij van word. De hele wereld ligt in de macht van de goddeloze en iedereen moet weten dat Jehovah Soeverein is. Ik zegen mijzelf, maar heb zegeningen van liefdevolle mensen om mij heen, die oprechte liefde hebben, nodig. De juiste personen om mij heen, zoals de vader van mijn zoon zei. Mensen aan wie je gehecht bent. Die je liefhebt en die jou gelukkig maken. Wie jou zegent, zal ik zegenen en wie jou kwaad toewenst, zal ik vervloeken. Alle families van de aarde zullen via jou beslist gezegend worden, zei Jehovah der legerscharen tegen Abraham. Ik heb gezworen bij mezelf. Het woord uit mijn mond is waar en zal niet terugkomen: Elke knie zal zich voor mij buigen en elke tong zal trouw zweren. De wraak is aan Jehovah.

Jezus Christus, ik dank u, dat u laat zien hoeveel u van mij houdt. Ik dank u dat u mij laat zien, dat u iedereen die mij hindert of de taken die u mij geeft onrespectvol steeds vervloeken, en zij die mijn prachtige kinderen irriteren om te zijn wie ze zijn, 'zult veroordelen. Zodat het goed gaat met mijn heilige geest. En hij Jezus zal degenen die zich daaraan schuldig maken een antwoord geven dat past voor hen, In Jezus Christus naam, Amen.

Ik heb Jezus' boodschap gehoord en ga daarmee verder. Om te prediken wat hij voor mij heeft gedaan en hoe ik machtigere dingen zal gaan doen dan ooit te voren. Jezus leeft en heeft mij beloond en diegenen laten zien, dat ik krijg wat mij toekomt. Eeuwig leven. Ik ben een gezalfde en dat zag ik in een visioen en heb daar veel ervaringen over hoe goed Jezus voor me is. Ik praat liever niet over deze ervaringen, want als Christus verschijnt is het om redding te brengen. Ik ben gelukkiger dan ooit te voren.

De zegeningen zijn er. Ik vergeef hen allen. Zij moeten stoppen met deze praktijken en mij met rust laten. Ze willen mijn dingen stelen en doen voorkomen alsof het voor hen bestemd is. Het zijn dieven van Gods Koninkrijksbelangen, die voor mij bestemd zijn en mijn kinderen. Het is een wortel tot allerlei schadelijke dingen. Mijn moeder is in deze strijd geëerd ook al had zij tijdens haar leven niet geweten wat voor bijzonder kind ze heeft gebaard, dat zij in de hemel en op aarde meestrijdt met God. Ik zag een keer dat de engel van mijn moeder zei in 2016: Gooi je inboedel weg en vertrek uit deze stad, want er is iemand die je weg wil hebben. Die is weg. Dat komt niet meer voor dat iemand mijn zegeningen ongestraft steelt. Satan is hun handlanger; het is een gemeen plan mijn geest te irriteren. Dat doen ze vaak genoeg. Ze zijn weg. Ik ga liever met liefdevolle mensen om, die oprecht zijn. Zo behoud ik mijn vrede. De juiste personen. De hele wereld ligt in de macht van de goddeloze.

Wie is Jezus?

Jezus, is de zoon van God. Hij zei: "Ik ben de Weg, de Waarheid en het Leven. Niemand komt tot de Vader dan door mij." (Joh. 14:6)
Jezus leefde als een engel in de hemel, voordat hij op aarde geboren werd. Hij was Gods eerste schepping en hielp bij het scheppen van alle andere dingen. Hij is de enige die rechtstreeks door Jehovah is geschapen en wordt terecht zijn eniggeboren zoon genoemd. Jezus diende als Gods Woordvoerder en wordt daarom ook 'het Woord' genoemd. (Joh1:1)

Wij bidden tot God door bijvoorbeeld te knielen, en met eerbied en respect ons tot hem te richten, daar zit verschil in. Wanneer je staat of knielt of diep vooroverbuigt en nederig bent, kom je dichter tot God. Hij is heilig en wij dienen eerbied voor hem te hebben. Hij wekt ons elke dag. Daar ben ik hem dankbaar voor. Als we denken aan het bloed dat voor ons is vergoten door Jezus tot verge-ving van zonden. Het gebed is een verzoek dat doen wij vol overgave. Wij kunnen onze verlangens ook besluiten en verklaren in de naam van Jezus. De Bijbel is door God geïnspireerd en een nuttig middel voor onderwijs. (2 Tim.3:16) Wij kunnen van Jehovah leren en Jezus, door de Bijbel te lezen. Jehovah formeerde de aarde door zijn werkzame kracht, de heilige geest. Spreek tot God in de naam van Jezus Christus en hij doet het als het in lijn is met zijn voornemen.

Heiliging van zijn naam en voornemen voor een volmaakt vredig leven in het paradijs op aarde. Jehovah alleen is Soeverein. Wanneer Jezus aan zijn rechterhand zit en de schapen van de bokken scheidt. Het predikingswerk gaat door. Zo ook het leven van ons op aarde een doorgaande lijn is, dat zijn weerga niet kent. We moeten wel leven met onze familie en de wet van Jehovah liefhebben, zodat we niet tot struikelen worden gebracht en de vrede van God groot is. De schepping van de mensen Adam en Eva is ook een voorbeeld hoe het moet in de samenleving. Het gezin bestaat uit man en vrouw en niet anders. Wat voor wereld heeft God geschapen? Een wereld om te genieten van ons leven. Elkaar lief te hebben, maar God op de eerste plaats.

Jezus is de waarheid.
Het woord van God en het Leven. Wij dienen hem alleen te volgen. In de Evangeliën van Mattheus, Marcus, Lucas en Johannes lezen we over Jezus en het Koninkrijk der Hemelen. De doop, de bediening en de verzoeking van Jezus, om te prediken.

Waar begon het leven van Jezus?
Het leven van Jezus begon in de hemel.
In het verslag van Johannes staat geschreven: "In het begin was het Woord. Het Woord was bij God en het Woord was een God. Hij was in het begin bij God. Alles is via hem ontstaan en zonder hem is er helemaal niets

ontstaan. In Hand. 8: 23, zegt Jezus tegen de Farizeeën: "Gij zijt van de rijken beneden; Ik ben van de rijken boven. Gij zijt van deze wereld; ik ben niet van deze wereld."

Wat is ontstaan via hem was leven, en het leven was het licht voor de mensen. Het licht schijnt in de duisternis en de duisternis heeft het niet overwonnen (Joh. 1:3)

Jezus leeft. Mijn verlosser leeft. Jezus en Jehovah houden van mij. Ik heb liever mensen die van mij houden, omdat de mens niet is gemaakt om alleen te blijven. Elke dag zie ik het in mijn dagelijkse gebeden. Wanneer ik het niet verwacht, is er onverwachts hulp.

In Bethlehem terwijl Jozef met Maria die hem zoals beloofd ten huwelijk was gegeven en die nu hoogzwanger was en de dagen vervuld waren dat zij moest baren is Jezus geboren. In dezelfde landstreek verbleven herders buitenshuis die de wacht hielden over hun kudden. De Engel van Jehovah verscheen plotseling bij hen en Jehovah's heerlijkheid omscheen hen en zij werden bevreesd. Maar de engel zei tot hen: "Vreest niet, want ziet: Ik maak u goed nieuws bekend omtrent een grote vreugde, die heel het volk ten deel zal vallen. Want heden is U in Davids stad een Redder geboren, die Christus de Heer is."

Het Zaad Jezus en het nageslacht van Jezus moeten de slang Satan vermorzelen.

In het Hof van Eden is een strijdvraag opgeworpen of mensen God moeten gehoorzamen of Satan. Jehovah's recht om te regeren werd en wordt nog steeds in twijfel getrokken door de mensheid. Mensen leven vaak in zonde. Adam en Eva: In het Hof van Eden woonden zij in het Paradijs en mochten zich alles permitteren in het hof van Eden. Dit is een strijdvraag die duidelijk laat zien voor wie wij leven. Wij hebben het leven van hem ontvangen en dienen hem te gehoorzamen en de Here Jezus onze Herder.

In Genesis 22: 18 belooft Jehovah aan Abraham: "En door bemiddeling van uw zaad zullen alle natiën der aarde zich stellig zegenen, ten gevolge van het feit dat gij naar mijn stem hebt geluisterd. De Here Jezus Christus is het beloofde zaad, waardoor iedereen zich kan bevrijden van alle kwaad en vervolging van de Goddeloze."

In 2 Samuel 7:12,16 verscheen in een visioen via Nathan van Jehovah aan Koning David en zijn zoon Salomo. Indien hij in rechtschapenheid bleef wandelen, dat het beloofde zaad Jezus via hun geslachtslijn zal komen. Er staat geschreven: "Wanneer uw dagen hun volle duur bereiken en gij bij uw voorvaders moet neerliggen, dan zal ik stellig uw zaad na u verwekken, dat uit uw inwendige delen zal komen en ik zal zijn koninkrijk stellig tot onbepaalde tijd Jehovah en de Here Jezus Christus weten van te voren wat voor ons goed is.

In Jesaja 9: 6,7 staat de geboorte van de Christus zoals nooit tevoren vermeld: "Want een kind is ons geboren, een zoon is ons gegeven; en de vorstelijke heerschappij zal op zijn schouder komen. En zijn naam zal worden genoemd: Wondervaar Raadgever, Sterke God, Eeuwige Vader, Vredevorst. Aan de overvloed van de vorstelijke heerschappij en aan vrede zal geen einde zijn, op de troon van David en over zijn koninkrijk om het stevig te bevestigen en om het te schragen door middel van gerechtigheid en door middel van rechtvaardigheid van nu af aan en tot onbepaalde tijd. Ja, de ijver van Jehovah der legerscharen zal dit doen.

Jezus' bediening begon toen hij twaalf jaar oud was in de tempel in Jeruzalem voor het Pascha feest. De leraren luisterden naar hem en hij stelde vragen aan hem. Ze waren verbaasd over zijn inzicht en wijsheid. Achttien jaar daarna werd Jezus door Johannes gedoopt. Hij was 30 jaar oud, Jezus kwam uit Galilea naar de Jordaan om door Johannes gedoopt te worden. Maar die probeerde hem tegen te houden en zei: "Waarom kom je bij mij? Ik zou door jou gedoopt moeten worden." Jezus antwoordde: "Laat het deze keer zo zijn, want het is goed dat we op deze manier alles doen wat rechtvaardig is." Toen hield Johannes hem niet meer tegen. Zodra Jezus gedoopt was en uit het water omhoog kwam, werd de hemel geopend, en Johannes zag Gods geest als een duif op Jezus neerdalen. Ook kwam er een stem uit de hemel, die zei: "Dit is mijn geliefde Zoon. Ik heb hem goedgekeurd."

Johannes doopt

Wat betekent Jezus' dood voor ons?

Jezus is gestorven voor vergeving van onze zonden, als een losprijs voor velen. Want de zonde betaalt als loon de dood. Maar God geeft als gave eeuwig leven door Christus Jezus, onze Heer. (Matth.28:20)

Wat is de losprijs?

De losprijs is de prijs die een einde maakt aan zonde en dood. (Ef. 1:7) De losprijs geeft ons hoop, vergeving van onze zonden.

De eerste mens Adam was volmaakt, zonder zonde geboren. Hij mocht aan Gods gebod niet komen, door het eten, noch aanraken van de vrucht van de levensboom, die in het midden van de tuin van Eden stond, van "Kennis van Goed en Kwaad." Deze zonde had grote gevolgen voor zijn nakomelingen. (Rom.5:19), (Gen.3:17-19).

Jezus was volmaakt en heeft nooit gezondigd. Hij is daarom een verzoening voor onze zonden en voorbeeld. Door zijn dood kunnen alle mensen die in hem geloven vergeving van zonden, eeuwig leven ontvangen in een Paradijs op aarde. In de opstanding, worden opgewekt en weer tot leven komen, als de persoon die hij vroeger was. (1 Kor.15:12,13) Jezus is ook opgestaan uit de dood en naar Jehovah opgestegen als een Losprijs voor onze zonden aan de rechterhand van Jehovah. (Matth. 25:31-46)

Jezus heeft tijdens zijn leven op aarde Lazarus opgewekt, zodat wij kunnen geloven. Jezus was blij dat hij niet daar was toen Lazarus stierf, zei hij tegen zijn discipelen. De opstanding vindt op die manier plaats.

Wat is zonde?

Iets doen tegen Gods gebod. Niet doen wat goed is en vooral respectloos omgaan met iemand zijn leven en lichaam. Vooral wanneer het opzettelijk gebeurt ten koste van iemands GELD, vrijheid, Liefde, rijkdom, gezondheid, familie, vrienden, geluk en vrede en bezittingen.

Donderdag 10 augustus 2017

Openbaring van het hart van zilver.

Gods hart.

Gods heilige geest vult de zaal waar een bijeenkomst wordt gehouden en praisesongs worden gezongen. Tijdens de preken, zie ik links in de zaal een GROOT ZILVEREN HART MET SCHITTERINGEN. GOD ZEGT DAT IS DE KRACHT DIE IK JOU HEB GEGEVEN. Gods heilige geest laat een visioen zien en de heilige geest zegt: "Het hart wordt steeds groter."Het was mijn heilige geest, die ze vervloekten, zag ik. Ze haat mij, wanneer ik erop terugkijk. De kracht van God is op mij." De Engel van God kwam met het tweesnijdend zwaard en sloeg alles stuk wat door anderen is vernietigd." Het gebeurde bijna, dat ik kwaad alle stoelen door de zaal wilde laten slingeren. God helpt mij en wil dat ik zijn liefde wereldwijd verkondig. Ik moet het graf van Jezus bezoeken als ik blij ben. Dat wil zeggen dat ik de liefde moet verkondigen die God voor mij heeft en Jezus zijn zoon. Jezus Christus zegt:"Ja, ik wil."
Tijdens die avond krijg ik nog meer dingen te zien. De LIBA, demon loopt mij voorbij en ik zie een lijst met hand-tekeningen en een brief aan een beroemde tv-presentator voorbijgaan. Ik had in een droom gezien hoe zijn beeld inzoomde, in een hemelse visioen. Die presentator zag ik in een helder beeld. Hij heeft een brief van mij ontvangen; daar staat een verklaring in. Heilige geest openbaart dat Jezus dat heeft gezien. Die wilde ik gebruiken om

mijn dopelingen te redden. Maar het had geen doorgang gevonden. Terwijl ik daar zit, zie ik mijn leven door de preek heen zich openbaren, dat het die slechte heks is, die mij wil vervloeken. Er moet een gebed komen over de hele wereld. Een gebed voor mijn kinderen dat de liefde van God geneest. De dopelingen moeten gered worden van de goddelozen. Ik zie ook een visioen over mijn kerk in de toekomst. Volgens Jesaja 44: 1-8.

Tijdens de dienst kwam de Evangelist J.v.H. prediken. Ik voelde dat ik hem moest spreken. Want tijdens de dienst kwamen er weer profetische woorden in mij op. Ik kan genezen. Wie ziet het? Het antwoord kwam. JEZUS. Na de dienst nam ik de moed om naar hem toe te lopen om hulp te vragen. Want ik voelde dat ik tegengewerkt werd en heb gevraagd hoe ik hem moet noemen. Hij zei: "Evangelist." Vroeg of ik hem mocht bezoeken, want ik wil van hem leren. Ik heb laten zien wat ik had opgeschreven. Tijdens de setting met gezalfde olie waarbij iedereen gezegend werd, die een zegen nodig had, kwam ik bij de Evangelist terecht. De Evangelist J.van H. zei: "Met de zalving dat wil zeggen, de zegeningen van de Christus, zei hij: "Ik zalf jou nog een keer met de zegeningen van de Christus als nooit tevoren." WANT HET WAS VERNIETIGD door dezen en genen. God heeft een plan met mij. Ik vroeg Heer waar moet ik naar toe?, Den Haag naar de Evangelist. In de preek werd ook geprofeteerd dat iemand naar zijn of haar Liba zou moeten gaan om zijn of haar excuses aan te bieden, en zeggen, dat die niet eerlijk is geweest. En na een tijd een afspraak moet maken voor een gesprek en wanneer hij zou vragen waarover? Dan zou degene moeten zeggen; Over de Liefde. Ik liep naar de demon en bood mijn excuses aan. Die reageerde niet. Hij negeerde me. Zij werkten mij steeds tegen om weg te gaan van hen. Want ze waren niet goed voor mij. Daarna werd een dienst gehouden en werd mijn geest weer bezoedelt met duivels. Ik ging er bijna aan dood, maar Jezus kwam en richtte mij weer op in mijn geest. De naam van Jezus moet verkondigd worden. Ik ben gelukkiger dan ooit tevoren. Al zo zeer heeft Jehovah God mij en de wereld liefgehad, dat hij zijn eniggeboren zoon heeft gegeven, Jezus om mij te redden van de goddeloze en onrechtvaardigen. Die decennialang mijn geest teisteren en de dopelingen. Mij heeft gezalfd met de kracht vanuit de Hemel om te genezen. In de plaats daarvan doden en ruïneren ze de geesten van mensen, een demon in iemands geest stoppen om het leven van iemand te vernietigen. Mag God oordelen.

In de ruimte waar Christus liederen werden gezongen, verscheen de engel van Jehovah Gabriel op zondag 19 augustus '17 en zei: "Gelukgewenst."

Op zaterdag 26 augustus 2017 verscheen de Engel thuis bij mij om terug te keren naar het gebouw. Jezus is bij mij. Ik heb gezien wat mij is aangedaan. Iemand zag mijn leven. Ik ben door Jezus gered en toen begon de heilige geest in en door mij te werken.

De liefde van God overbrengen over de hele wereld.

Gods liefde groeit in mij, meer en meer. De liefde van God woont in mij. God brengt de kracht van Jezus ook in mensen. Het hart van zilver in het visioen die straalt naar alle kanten in 2017. groot en mooi in de ruimte, dat was mijn heilige geest. Iemand wil niet dat ik de geest van

God heb, het hart was een groot verdrietig hart van God om mij te vertellen dat diegene het wel moet rechttrekken. Nu is het een blij hart, want ik heb nog steeds mijn kracht om te leven. En toen niet. Toen werd ik geleefd. Ik stop het in de naam van Jezus Christus.

Gods engel kwam die avond in actie in de vorm van een strijddans tegen een ieder die mij tegenwerken om groot te worden. Gods engel wilde, dat ik net als Jezus in de tempel de tafels omgooide. En de stoelen door de ruimte wilde laten slingeren. Toen kwam ik bij bewustzijn. En een andere avond toen ik een blauwe jurk onafgemaakt had aangetrokken en naar voren werd gesleept door de Liba om een profetie over mijn werk van de Christus uit te spreken. Ik tot Jezus moest bidden om mij te helpen. Ik ben thuis aan het schrijven en iedere keer merk ik dat ik niet moet verbergen wat mij is aangedaan. Er is mij veel afgenomen en onrecht aangedaan door hindernissen van die heksen en andere slechte mensen. God ziet alles.

De wereld hoeft niet zo ingewikkeld te zijn als er ver-draagzaamheid is en vooral onvoorwaardelijke liefde onder elkaar. Wanneer je naar verliefde koppels kijkt, of naar een gezin die liefdevol met elkaar omgaat, dan pas kun je beseffen wat ware liefde is. Vooral moeders kunnen het als de beste. Dat is het mooiste wat er is. De liefde voor God is het voornaamste. Wie God lief heeft, doet tenminste zijn best om liefde te geven; Gods kinderen het naar de zin te maken. Dienaren van de liefdevolle God hebben een verantwoordelijkheid die zwaar telt in de bediening. Wie een lid van de gemeente ziet struikelen, dient liefdevol te helpen. Aan de manier hoe wij met elkaar omgaan, weer-spiegelt de liefde voor God zich. Hoe liefdevol is het als de gemeente elkaar liefheeft. God houdt van mij.

Kersttijd over de zoon van God, Jezus.

Vrede op aarde in de mensen; een welbehagen. Met kerstmis worden over de hele wereld heel veel liederen gezongen over de geboorte van Jezus. Na de kerstperiode wordt niet zo veel meer aan hem gedacht, behalve in de kerken of door spirituele zangers en zangeressen die hem eren. En nu zijn er wel veel geestelijken. Maar wie zijn het? Kerken lopen leeg. Jezus is mijn redder. Ik ben zijn helper. Helpt u mij te zijn zoals u bent. Vandaag zag ik een fotograaf met een zeer oude fotocamera uit het jaar 1900. Dat was bijzonder. Ik vroeg mij af hoe zij eraan kwamen? Jezus vertelt mij dat hij bij haar is, omdat haar haar zo mooi gevlochten was met een lint. Jezus zegt dat ze moet trouwen. Dat moest ik, maar had het niet door. Er was iets aan de hand in de hemel. Niks in deze wereld is goed. Mensen strijden tegen elkaar. De een wil alles van de ander. Jezus werkt via mensen in deze tijd, zodat zij kunnen zien wat zijn wil is en hoe hij wil dat wij in vrede leven. Jezus leidt en beschermt zijn kinderen. Zij genieten volledige bescherming. Degenen die elkaar onrecht aan-doen, bestraft hij door middel van zijn onzichtbare enge-len. Een mensenmassa kan zoveel teweegbrengen. Maar met de liefde onder elkaar hebben we een mooie wereld. Jezus is precies als God is: liefdevol. Als het aan mij ligt mag iedereen Jehovah getuige worden dan ben je veilig en beschermd door God. Ieder zijn vrije wil.

STELLINGEN EN ANTWOORDEN VAN MENSEN DAAROVER

1. Liefde.
Ik zeg God houdt van mij.
Zij antwoorden met: "God houdt van alle mensen."
Ik zeg het, omdat ik het weet en het is twee keer tegen mij gezegd. Door twee dienaren van hem. En hij heeft laten zien wat ik moest doen. Liefde geven.

2. Iedereen gelooft dat God bestaat.
Een vrouw die bezig was met krasloten. Reactie: Geïrriteerd; Ja, iedereen gelooft in God. Een echt-paar op leeftijd zegt: "Daar willen wij niks mee te maken hebben."

Ik hoorde gelukwensen van JEZUS, via de heilige geest op zondag 17 september '17 toen ik langs de kade van Bataviastad in Lelystad een wandeling maakte, en een dove vrouw te-genkwam, die genas en heilige geest gaf; in gebed was: "Welkom in het Koninkrijk der Hemelen."

In het Christenen-voor-Israël-Museum ontmoette ik in hetzelfde jaar een man die de tentoonstelling bijwoonde over Israël. Ik zei tegen hem dat ik dit stuk schreef. En als het uitgegeven zou worden, hij een exemplaar zou krijgen. Ik heb hem laten voelen hoe de heilige geest van God werkte. Hij haalde heel diep adem en ontving heel veel heilige geest en zei: "Ik voel het." Ik heb zijn telefoonnummer niet meer.

En zou hem graag weer willen ontmoeten.

Ervaring in de slaapkamer. 2013

Een engel verscheen in mijn kamer na gebed om hulp na een traumatische ervaring in mijn leven.

Ik bad om hulp en miste de kracht iets tegen de situatie te doen. Ik sprak er met niemand over, omdat niemand naar me luisterde of de situatie begreep. Veel goede plannen zijn vernietigd en toch willen ze hun plan uitvoeren. Ze vernietigen de gaven die God mij heeft gegeven. Ze kunnen het niet meer, omdat ik ben gered.

Toen ik opstond op een ochtend zag ik een engel bij de muur staan, die zei: "Kijk.":zei de Engel. Ik mocht niet boven, maar onder kijken. Wat zag ik: een engel met Witte veren en groot en met machtige poten heel erg sterk. Dat is de engel die voor mij strijdt, zodat niemand mij doodt. De beschermengel van mij. Omdat ik de Vader van mijn zoon miste die rechtvaardig was en voor mij opkwam, wanneer iemand mij wil of zou aanvallen. De engel is mij steeds aan het zegenen en wanneer ik hem zie, dan zie ik hoe machtig het is.

Jezus' voorbeeld volgen:

Prediken

Ervaringen met prediken.

10 september 2017

Vanmorgen tegen 11:00 uur kom ik samen met Sjoda
in haar huis bijeen om te bidden Het is voor mij een
soort van eerste kerkdienst en toch mis ik mijn kinderen, want het moest met hen gebeuren. Ik moest
van Jezus tegen Sjoda zeggen dat haar moeder haar
beschermengel is. Mijn kinderen hebben bescherming
nodig. Ik vergeef hen, die mij hinderen. Ik heb me
soms afgevraagd waarom sommige families vaak
horen wat voor moeilijkheden iemand heeft of dat er
opzettelijk problemen in een gezin worden veroorzaakt, zonder dat ze inzien, dat ze moeten helpen.
Doen alsof ze niks weten, dat is verdrietig worden
en sterk blijven of hulp zoeken. Niet leuk om alles
alleen op te lossen. En opzettelijk iemand isoleren om
er als een prooi over te heersen. Ik wil dat men mij
gelooft, dat er stiekem dingen worden gedaan met
mensen, dat strafbaar is. Jezus, help ons alstublieft.

Donderdag 20 september 2017

De Westerkerk naast het gebouw waar Anne Frank
gewoond heeft. Ik vertrek na 10 uur 's morgens van
huis en neem de tram naar Amsterdam richting de
Westerkerk, waar ik op 4 september ook was. En de
vrouw die met haar vriend reist door Nederland,
zoals zij mij heeft verteld met een oude camera uit
de tijd voor de digitale camera, foto's maakte met
het zwart wit beeld uit grootmoeders tijd. Zij is
lief. Met het oude lint in het haar, maar mooi gedaan en thuis dacht ik om haar een wit lint in het
haar te geven en te zeggen dat zij moet trouwen.

Want zij is niet zo blij met zijn plannen om steeds te reizen van hot naar her. Zij zouden ergens een plek kunnen zoeken om een bedrijf te starten. Dat is wat zij moest weten. En een rustig gezinsleven moeten stichten en geld lenen om het bedrijf op te starten en dat heeft zij uitgevoerd. Het gaat wel gebeuren in Jezus' naam. Jezus werkt door in haar. Zo moet ik mijn haar doen wanneer ik trouw. Dat is wat Jezus wil. Voor ik in de tram stapte, kwam een vrouw op mij aflopen en begon een stroom van woorden tot mij te richten, alsof zij wist dat ik niet meer wist welke tram naar de kerk reed. Legde uit dat het tram 17 was en sprak de hele weg met mij over het verlies van haar dochter en hoe gebed haar kracht heeft gegeven om het verlies te dragen. Zij was ziek en was op weg naar haar vriendin. Ik zei tegen haar, dat ik geneeskracht heb. Zij zei, dat ik het moet doorgeven. Ik gaf haar een hand en stapte uit.

Voor ik naar de Westerkerk liep, kwam ik langs de plek waar de kunstenaar zat en mooie bijzondere speeltjes maakte en verkocht, om te zien of hij daar zat. Hij zat er niet. Ik keek naar de toren waar hij zei, Jezus te zien staan en zag hem weer kijken over de stad die hij vergelijkt met een Bijbelse stad, die God veracht. Die man ging naar warmere oorden en zou naar de stad vertrekken waar het ook niet zo goed gaat met de zeden in Zuid-Amerika. Vandaag liep ik langs het huis van Anne Frank om weer naar binnen te kijken of ik iets bijzonders zou zien en het voelde anders dan de eerste keer. Moet er nog een kaart voor kopen, maar vandaag is de Westerkerk aan de beurt. Toen ik in 2016 naar het Anne Frank Huis wilde gaan, zat zij op de kist, waar zij met haar vriend zat te wachten en voelde dat het niet goed was, bang om nare dingen te weten te komen. Nu voelt het goed.

De Westerkerk, de vloer is een grafkelder. Ik voelde meteen bij binnenkomst de sfeer van een begraafplaats. De kerk is groot en imposant en Rembrand van Rijn en zijn zoon liggen er begraven. Ik heb mij afgevraagd waarom zij dat vroeger zo deden. Er worden gelukkig nog kerkdiensten gehouden. Concerten worden er gegeven. Een kunstschilder heeft zich op een kleed geïnstalleerd met zijn kunst. Een hoek is ingericht als winkel voor kaarten en allerlei artikelen, die wel leuk zijn om te hebben en te geven. Iemand zat brood te eten. Wenste ik smakelijk eten toe. Een muzikant zat in overleg. Liefde is er. Jezus is woedend en ik moest er wat van zeggen en dat ga ik doen ook met de kracht van de Allerhoogste in Jezus naam, in de naam van Jezus Christus. Amen. In Matth. 21:13, 14 staat; en Jezus ging de tempel binnen en wierp allen die in de tempel verkochten en kochten en keerde de tafels van de geldwisselaars en de banken van de duivenverkopers om. En hij zei tot hen: "Er staat geschreven: "MIJN HUIS ZAL EEN HUIS VAN GEBED WORDEN GENOEMD, MAAR GIJ MAAKT HET TOT EEN ROVERSHOL." OOK KWAMEN ER BLINDEN EN KREUPELEN NAAR HEM TOE IN DE TEMPEL EN HIJ GENAS HEN.

Wonderen

Wonderen van Jezus.

Het eerste wonder betrof het veranderen van water in wijn in Kana in Galilea op het bruiloftsfeest. Jezus bediening op aarde kenmerkte zich door illustraties en wonderen. Door de wonderen en voorbeelden konden de discipelen en andere mensen geloof in hem stellen. Jezus en zijn discipelen waren aanwezig. Zijn moeder Maria en broers waren er ook. En vroeg liefdevol aan hem om te helpen, omdat de wijn op was. Er stonden zes waterkruiken voor de reinigingsvoorschriften van de Joden. Jezus zei tot hen: "Vult de waterkruiken met water." En zij vulden ze tot aan de rand. En hij zei tot hen: "Schept er nu wat uit en breng het naar de feestleider." De feestleider proefde de wijn en riep de bruidegom en zei tot hem: "Ieder ander mens zet eerst de voortreffelijke wijn voor, en wanneer men dronken is de mindere. Gij hebt de voortreffelijke tot nu toe bewaard."

De wonderen die Jezus toen heeft verricht zijn voor ons een voorbeeld. In deze tijd gebeuren er ook wonderen. Hij doet het via mensen en gelukkige personen.

Ervaringen in deze tijd

Mensen genezen al jaren door mijn kracht. Jezus wil dat ik het vertel.

In de bibliotheek Lelystad. Daar werkte een bewaker in 2012–2013.

Daar schreef ik vaak mijn levenservaring over hetgeen mij is overkomen in mijn leven. Mijn dagboek. Hij kwam kennis met mij maken en vroeg waar ik over schreef. Hij sprak met mij over de jeugd, die slordig was in de bibliotheek met blikjes en etensresten, en hoe hij hen streng aanpakte. Hij zag er ongezond uit en had iets onreins over zich. Na verloop van tijd veranderde deze man zijn gelaat. En zag er gezond uit. Ik wil niemand zijn geest. Het kwam door Jezus zijn kracht. Jezus zegent.

Het Vale Paard dat in het visioen verscheen, was de dood.

Israëlmuseum, dinsdag 29 augustus 2017 ongeveer 15:30 uur.

Een hele mooie ervaring vandaag in Nijkerk. In het IsraëlMuseum bezocht ik de tentoonstelling met als titel: Het Jubeljaar. Ik kwam in gesprek met een bezoeker over de betekenis van het Jubeljaar, van 1967 tot 2017. Hij legde uit dat het Jubeljaar omstreden is. Wegens de tegenwerking van vele vorsten. Volgens hem begint het Jubeljaar vanaf het moment van de intocht van de Israëlieten naar het beloofde land Kanaän.

Dat is waar. Ik heb het opgezocht en lees in de Bijbel *Vervolgens moet je op de tiende dag van de zevende maand 'de hoorn' luid laten schallen; Op de Verzoendag moeten jullie in het hele land de hoorn laten klinken. Jullie*

moeten het 50ste jaar heiligen en in het land; vrijheid uit-
roepen voor alle bewoners. Het zal een jubeljaar voor jullie
zijn, en iedereen zal terugkeren naar zijn eigen bezit en naar
zijn eigen familie terugkeren." (lev.25: 9,10) Het Jubeljaar
is het jaar dat op elke cyclus van zeven periodes van
zeven jaar volgde, gerekend vanaf Israëls intocht in
het Beloofde Land. Kanaan, *Het Hebreeuwse woord*
jō·vel *(of:* jo·vel*) betekent 'ramshoren' en heeft betrek-*
king op het geschal van een ramshoren dat in dat vijftigste
jaar weerklonk om vrijheid uit te roepen in heel het land.
De Israëlieten moesten na de intocht in het Beloofde Land
gedurende zes jaar het land bezaaien, bebouwen en de oogst
ervan binnenhalen, maar het zevende jaar moest een sabbat-
jaar zijn, waarin het land braak moest liggen. Men mocht
de akkers niet bewerken. In het zevende jaar dient er
een jaar van volkomen rust *voor het land plaats te*
hebben, een sabbat voor Jehovah. Zeven van zulke periodes van zeven jaar (7×7=49) moesten er worden
geteld, en het jaar daarop, het vijftigste, moest een
jubeljaar zijn.

Ik was in gesprek met hem en vertelde hem over
de Evangelist die ik ontmoet had.

Ik zat naar zijn preek te luisteren en schreef
zoals gewoonlijk op wat ik hoorde. Ik schreef zijn
naam op...: Ik kan genezen. Wie ziet het? JEZUS.
TOEN WIJ SPRAKEN ZEI IK TEGEN HEM: "JE
VOELT HET IN JE BUIK. JE VOELT HET IN JE
MAAG." EN THUIS AANGEKOMEN WIST IK
DAT HIJ HET OOK IN ZIJN HOOFD VOELDE.
Jezus helpt mij.

Wij kwamen op het onderwerp van onze afstamming. Hij vertelde dat er twee keer geprofeteerd was, dat hij van God afstamt. Toen zei ik: "Ik stam van de lijn van Jezus af. Jezus heeft mij gezien en ik heb hem gezien. Jezus verscheen in mij en ging door hem heen en hij riep. Ik voel de heilige geest." En hij stond een poos stil, zodat de heilige geest zijn werk kon doen. Hij kon zich niet verroeren. (Deze ervaring had ik ook eens, toen ik iemand tegenkwam die mij bang wilde maken. Als ik stond, kon hij zich niet verroeren: pas wanneer ik liep). Jezus zei tegen mij: Werk voor mij. En ik antwoordde: "Ja, ik wil, Ja ik wil, Ja ik wil."

Hij zei: Ik heb de kracht van Jezus. Ik ben naar de kantine gelopen en Jezus liet zien dat hij in die ruimte aanwezig was. Jeruzalem de stad van David. In het gebouw is God aanwezig. De plek waar God is, moet ook heilig gehouden worden. Toen ik daar was, had ik het verlangen om naar Israël te gaan. Een bezoekster had het over de tunnel Gihon bij Jeruzalem. De bron Gihon speelde volgens de algemene opvatting een rol in de wijze waarop de veldheer Joab de bijna onncembare Jebusietenvesting te Jeruzalem binnendrong, waardoor het voor David mogelijk werd de vesting in te nemen. Het is Koning David, na de spot van de Jebusieten dat het David nooit zou lukken de stad te veroveren, toch gelukt. (1Kor. 11:6) De Tunnel die door koning Hizkia werd gegraven om de bron te beschermen van die stad.

Ik hoop hem ooit weer eens te ontmoeten, dan kan hij mij vertellen hoe het met hem gaat. Zijn telefoonnummer heb ik niet meer. Had beloofd het boek te laten zien die ik nu schrijf.

Iemand heeft mij in het verleden geestelijk mishandeld. Nu ben ik gered en hoef ik niet onder hen allerlei onrechtvaardigheid te accepteren. Zilveren armband van mijn arm afgerukt. Ra, ra waarom?

Iemand die jaloers is en hebzuchtig is, laat merken, dat er geen liefde in hem is. Mannen zijn verhinderd om bij mij te blijven. Jezus oordeelt. Kinderen komen naar huis en zijn een zegen.
Op weg naar huis had ik een bijzondere ervaring; de engel van God zat naast mij, in mijn mooie rode Cabrio.Het stuur moest ik via de heilige geest loslaten. En de auto reed vanzelf volgens de richting waar hij heen moest gaan. Tijdens het rijden sprak Gods engel met mij en zei dat mijn genen naar Jezus toeleiden. Ik ben de Engel van God die geneest en geesten kan bestraffen. De Engelssprekenden waren Gods discipelen van voor de eindtijd. Ik sprak ineens Engels. De Engelen lieten zien dat ik ook Engels kan spreken. Dat is mijn heilige geest die van God afkomstig is, door Jezus geestenkracht. Dat was het mooiste ooit, dat ik in mijn auto meemaakte.

Woensdag 30 augustus 2017
Ik sta in de badkamer mijn was te doen en voel en zie een bliksemflits voor mij, toen ik zei: "Zij hebben mij toch

niet geholpen?" Mijn dopelingen zitten in een niet- ideale situatie. Jezus. Gij hebt een geest van aanneming als zonen ontvangen, door welke geest wij uitroepen: "Abba, Vader!" Gezalfden hebben een bijzondere en een speciale opdracht gekregen. Mijn opdracht is Jehovah's Soevereiniteit te verkondigen en te waarborgen door over zijn plan met mij te praten.

Vrijdag 1 september 2017 om 18:45 breng ik een boek naar iemand om te helpen van het verleden af te komen en een lipgloss. Thuis aangekomen zag ik in een flits Jezus in iemand vlieden. Die avond belde die mij op, en zei, dat de kadootjes leuk zijn en in vrede werd het gesprek afgesloten.

Vader in de hemel, Jehovah, bescherm uw kind, die uw taak zal doen.

17 september 2017

Zondag wandel ik naar mijn favoriete plek Bataviastad waar het leuk toeven is. Ik begin een praatje met een wandelaarster over het prettige weer, zonnig en warm voor de tijd van het jaar. En dat wij vooral van elke dag, die God ons geeft moeten genieten. Zij wandelt en is ook alleenstaand en we hadden het over werk en kinderen. Ik vertelde dat ik werk voor God en dat ik geneeskracht heb. Dat ik mijn kinderen niet meer moet vertrouwen aan anderen. Want ik kan het zelf ook al ben ik alleen. Iedereen die gemeen is, moet weg. En dat ik werk voor de Here Jezus, over hem schrijf en de Bijbel en mijzelf. Zij vertelde over het onrecht van haar werkgever. Omdat zij aan een oor slecht hoort en alleen op een oor gesprek kon voeren. Ik zei: "Is het jouw linkeroor?" Zij zei: "Dat is het oor, waarmee ik de telefoon opneem. Het Callcenter is verantwoordelijk voor haar gehoorschade op een of andere manier. Zij doet vrijwilligerswerk. Ik wil haar helpen en leg mijn hand op haar oor. En bad onhoorbaar voor haar. Ik zei tegen haar: "Ik ga deze kant op, onze wegen scheiden zich." En zij vervolgde haar weg. De Heilige geest, Jezus, zei: Welkom in het koninkrijk der hemelen. Ik ging naar mijn favoriete plek om te schrijven en schreef geïnspireerd door de Heilige geest op tot mijn verbazing. Zij is genezen, maar zij weet niet wie ik ben, noch ik wie zij is. Zo ook is mijn lieve familie genezen van een gebrek. Ik praat er niet over. Die ook niet. Dat is ons geheim.

Vrijdag 29 september 2017
Ik vertrek vanmorgen naar het centrum van mijn woonplaats om twee brieven te posten. En loop zoals gewoonlijk de route en onderweg eerst naar de bibliotheek waar ik de naam van de hemelse vader Jehovah wil vergroten op een A3 vel, omdat ik het op mijn voordeur wil hangen als bescherming en om alle kwaadwillenden te weren. De naam van God staat er met grote letters op mijn voordeur en is bestand tegen alle kwaadsprekers.

De naam van God, Jehovah, is het onvergankelijk werkwoord ha-wah (worden) en vervoeging in het Hebreeuws van de naam Jehovah betekent : "Hij veroorzaakt te worden." Dit is de oorspronkelijke naam van God: Ik ben Jehovah. Dat is mijn naam.

Ik geef mijn eer aan niemand anders en mijn lof niet aan beelden. Want je grote Maker is als je man. Jehovah van de legermachten is zijn naam. En de Heilige van Israël is je Terugkoper. Hij zal de God van de hele aarde worden genoemd. (Jes.42: 8; 54:5). Jehovah wordt in de Bijbel ook aangeduid met de titels: God, Soevereine Heer, Schepper, Vader, de Almachtige, Jahweh (Hebreeuws). Zijn persoonlijkheid en zijn eigenschappen – wie en wat hij is – worden alleen in deze persoonlijke naam volledig samengevat en tot uitdrukking gebracht. Mogen de mensen weten dat u wiens naam Jehovah is, u alleen de Allerhoogste bent over de hele aarde. Jehovah is de juiste Nederlandse naam. De Hebreeuwse taalgeleerden geven de voorkeur aan JAHWEH. De oude Hebreeuwse handschriften bevatten de naam in de vorm van vier medeklinkers יהוה ; JHWH, het tetragrammaton of tetragram genoemd. (van het Grieks tetra, "vier", en gamma "letter" van links naar rechts gelezen JHWH.)

De naam van God geschreven in OUD Hebreeuwse lettertekens.

De ware God is de schepper van alles. Hij heeft geen begin gehad en zal nooit een eind hebben. (Ps.90:2). De hele schrift is door God geïnspireerd en nuttig om te onderwijzen, terecht te wijzen, dingen recht te zetten en streng te onderrichten in rechtvaardigheid.

19 oktober 2017 en Lelystad 28 augustus 2018

Ik heb Gods werkzame kracht gezien vandaag, in die zin dat hij mij heeft laten zien wat er gebeurt, wanneer er gepredikt wordt of met het Onze-vader-gebed wordt gewerkt.

Ik heb een paar mensen het gebed gegeven en hen gelukgewenst, liep naar drie mensen en zei: Kennen jullie THE PASSION? Een vrouw gaf het terug, omdat ze het al kent en sprak met mij over mensen. Ze legde uit hoe zij is. EERLIJK, GOED, en EEN LIEFDEVOL HART heeft, en BIDT TOT GOD OM OPLOSSINGEN. Zij vraagt aan mij, hoe oud ik ben. Ik zeg 66 jaar, zij is tien jaar jonger en laat blijken dat het uiterlijk niets uitmaakt maar hoe je van binnen bent. Zij had het ook over het boze oog, dat zijn mensen die het je niet gunnen. In het Surinaams Ogrie ai genaamd. Dat zijn mensen die geen liefde of licht maar de duisternis in zich hebben en het een ander niet gunnen. Ik zei tegen haar, dat ik liever met mensen omga die een goed hart hebben en licht ten opzichte van de duisternis. Ik ben van het licht en kan niet overweldigd worden. Ik draag licht en wens iedereen het beste toe. Geluk heb ik vandaag gehad. Ik laat een ieder in zijn waarde en heb gezegd dat iedereen zijn eigen wil heeft. Iedereen moet respect hebben voor het leven van een ander. Soms word ik opdringerig als ik weet wat goed is voor de mens en wil helpen. Maar heb mij ingehouden en alles aan hen overgelaten of ze het wilden of niet. Een ieder heeft een vrije wil gekregen. Ik zag een telefoon ergens op de bank liggen waar de twee jongens zaten, voor de winkel in de buurt. Zoals ik zei: Ik wil helpen. Neem de telefoon mee en dacht dat het van het meisje was dat geen tijd had en naar de eetkraam liep. Was niet van haar. Ik ga naar de P. om het te brengen, maar gevonden voorwerpen moeten naar het Stadhuis. Ik zei tegen die vrouwelijke agent: ik kon toen niet inloggen om een melding te doen over het stelen van mijn tas uit het hotel bij D.P.V.C. in Amsterdam. Zij kon niet inzien hoe pijnlijk het was. Ze had er geen zin in, omdat het verlaat was en ook omdat het in juni/juli is geweest. Raar. Ik heb de situatie uitgelegd. Ik was op vakantie in mijn geboorteland en kon niks doen, dan lijdzaam toezien hoe mijn leven gehinderd werd. Ze zijn nu weg. Ik zeg oké, ik zal dan bidden tot God dat hij oordeelt. Zij spotte en liep naar haar collega's om te zeggen, wat ik zei. *Zij nemen mij niet serieus, dacht ik* Jehovah. Zij willen mij steeds te schande maken, dacht ik. Ik vergeef hen, ze doen hun best. Ik ben liefdevol en blijf liefdevol. De liefde van God woont in mij. Mijn geluk. Ze moeten mijn bezittingen niet meer stelen. Het zijn dieven en God oordeelt.

Ik kom in de naam van de opgestane Jezus van wie ik ben en die ik dien dat elke knie in de naam Jezus Christus, zal buigen van dingen in de hemelen en dingen op de aarde en dingen onder de aarde. En dat elke tong zal getuigen, dat Jezus Christus KONING is.

Mensen hebben vaak geprobeerd mij met geesten te doden. Zij gooiden voodoodrankjes in mijn eten en drinken. Dat hebben zij bij ons gedaan. Maar ik kom weer tot leven. Ik herinner mij van een keer dat mijn geest weg was en weer tot leven kwam. Ik hoorde mijn kinderen huilen en in paniek raken. Hoorde hoe de bedbodem van het bed van mijn geschenk van God losbrak toen ze erop vielen van verdriet en kwam weer bij. Zij hadden de kamerdeur al dichtgedaan. Toen ik dat hoorde kwam ik bij en zag hoe bang ze waren geweest.

Zo ook gebeurde het toen mijn Opa stierf. Kwam hij bij toen ik hard Papa riep, maar ik wist niet dat hij weer was opgewekt. Mijn oma zei nog: "Ga naar je vader." Ik was bang en wilde er niet alleen bij gaan zitten. Hij wachtte op mij, maar ik ging niet.

Mijn moeder zei in 2007 op haar ziekbed: "Als je niet was gekomen was ik dood geweest."

Ik ben gezegend om te genezen.

Ik heb gezien dat mijn moeder is genezen en nog meer mensen waaronder mijn zoon die een paar jaar geleden rugpijn had. Durfde er niet over te praten, maar Jezus wil dat ik het doe,

Ik zag in de zaal van de Christus de engel van Jehovah, Gabriel op zondag 19 augustus '17 en zei: "Gelukgewenst." En dat is waar. Daar ben ik nu achter gekomen dat het wel degelijk waar was. Dank u wel, Jehovah in Jezus naam Amen.

Op zaterdag 26 augustus 2017 verscheen de Engel thuis bij mij bij de voordeur in de gang om terug te keren naar de bijeenkomst. Ze hadden mijn heilige geest gedood en durfde daar niet meer heen. Ik wil groeien en wilde niet meer terug. Jezus is bij mij. Ik heb hem een paar keer gezien in het gebouw en heeft mij als zijn bruid gezalfd en heb de hand van God gezien in de hemel. Ik kwam in de hemel terecht na weer zo'n dood-ervaring Hij stuurde mij terug naar de aarde om de kinderen te redden die hij mij heeft gegeven.

Ik moet voor hen bidden. Ik heb geen man die mij helpt. Ik wil naar gemeenten toe gaan. Op 27 augustus zag ik Jezus bij de muur en hij zei dat hij het was die mij kwam roepen om naar het gebouw te gaan. Ik had daar geen zin in. Maar gehoorzaamde het gebod. In het gebouw liet hij vaker zien waar hij stond. Met de vlaggen danste ik mee met Jezus. Zo toonde hij zijn liefde aan mij, want ik zag hem boven de vlaggen. En iedereen genoot ervan. Ik ga daar nooit meer heen, want ze hebben vervloekte geesten.

In 2016 zag ik in een visioen en voelde, dat ik een bruidskleed aan kreeg van mijn Vader. En zag bij een andere gelegenheid mij, als een engel en kinderen zingend met muziek een gebouw binnen lopen. En zag de gek op het podium omvallen, terwijl hij zei: "Ik ben een vervloeking."

Zag mijn leven voorbijgaan. Terwijl hij mij eigenlijk moest redden. Hij maakte misbruik van mijn heilige geest en engelen. De engel van Jehovah kwam en greep in.

Mijn Sjoda die laatst met mij naar een bijeenkomst ging, belde mij vrijdag op mijn huistelefoon om deze ervaring te vertellen;

Genezing 11 augustus '17
Sjoda is genezen en gezegend door mij door Gods werkzame krachtige genezingskracht van Jezus. In de naam van Jezus Christus. Ik dank u voor de getuigenis van Sjoda. Op vrijdagavond 11 augustus '17 na thuiskomst, belde zij mij huilend op, omdat ze naar de Intensive Care moest. Zij had een stijve nek. Ze wist zich geen houding. Hoe te liggen, moest zittend slapen en het deed zo'n pijn. Ik ben naar haar toe gegaan na het bezoek aan het ziekenhuis om te bidden. Na het gebed ben ik terug naar huis gereden. Het moment dat ik mijn voordeur open deed en binnenstapte voelde ik via mijn nek, de nek van haar los gaan. Ik heb niks tegen haar gezegd. Zaterdag 12 augustus '17 had ze controle. Zondagmorgen 13 augustus '17 hoorde zij de stem haar naam duidelijk roepen:

Ze keek, deed de deur open, maar zag niemand. Deze ervaringen heb ik vaker gehad.

Mensen genezen al jaren door mijn wonder. Jezus wil dat ik het vertel.

Donderdag 30 augustus 2017

Ik sta in de badkamer mijn was te doen zie en voel een bliksemflits voor mij, toen ik zei: "Zij hebben mij toch niet geholpen?" Mijn geesten zitten in een niet ideale situatie. Jezus. Gij hebt een geest van aanneming als zonen ontvangen, door welke geest wij uitroepen: "Abba, Vader!" Gezalfden hebben een bijzondere en een speciale opdracht gekregen. Mijn opdracht is Jehovah's Soevereiniteit te verkondigen en te waarborgen door over zijn plan met mij te praten. Gezalfden hebben die bijzondere uitnodiging van God gekregen. Dat hoeft door niemand anders bevestigd te worden. Jehovah zorgt ervoor dat ze geen twijfels over hun roeping hebben. De apostel Johannes zei tegen gezalfde christenen: "Gij hebt een zalving van de heilige. Gij allen hebt kennis." Verder zei hij: "En wat u betreft, de zalving die gij van hem hebt ontvangen, blijft in u, en gij hebt niet nodig dat iemand u onderwijst; doch zoals de van hem afkomstige zalving u omtrent alle dingen onderwijst, en waarachtig is en geen leugen, en zoals ze u onderwezen heeft, blijft zo in eendracht met hem." (1 Joh. 2::20,27) Net als iedereen hebben gezalfden geestelijk onderwijs nodig. Maar ze hebben van niemand de bevestiging nodig dat ze gezalfd zijn. De sterkste kracht in het universum heeft ze dat duidelijk gemaakt!

PREDIKER 3: 1-8

Voor alles is er een tijd,
een tijd voor elke activiteit onder de hemel:
een tijd voor geboorte en een tijd om te sterven,
een tijd om te planten en een tijd om te ontwortelen,
een tijd om te doden en een tijd om te genezen,
een tijd om neer te halen en een tijd om op te bouwen,
een tijd om te huilen en een tijd om te lachen,
een tijd om te jammeren en een tijd om te dansen,
een tijd om stenen weg te gooien en een tijd om stenen
te verzamelen,
een tijd om te omhelzen en een tijd om niet te omhelzen,
een tijd om te zoeken en een tijd om als verloren op te geven,
een tijd om te bewaren en een tijd om weg te gooien,
een tijd om uit elkaar te scheuren en een tijd om aan elkaar te naaien,
een tijd om te zwijgen en een tijd om te spreken,
een tijd om lief te hebben en een tijd om te haten,
een tijd voor oorlog en een tijd voor vrede.
Gods Koninkrijk op aarde

Onder de heerschappij van Jezus Christus en de 144000
mede-regeerders, zullen we bevrijd worden van de Duivel.

Toen ze bijeengekomen waren, vroegen de discipelen Jezus
Christus: "Heer, herstel je in deze tijd het koninkrijk voor

Israël?" Hij antwoordde: "Het komt jullie niet toe de tijden of tijdperken te kennen die de Vader onder zijn eigen gezag heeft geplaatst." (Hand. 1:6,7)

Het boek de Openbaring is een boek die van God afkomstig is. Wanneer de tijd aangebroken is zullen we het merken. Zoals Jezus zei, niemand weet wanneer de tijd ervoor is aangebroken. Door bepaalde gebeurtenissen in de wereld kunnen we dit zien.

Toen zag ik een engel uit de hemel neerdalen met de sleutel van de afgrond en een grote ketting in zijn hand. Hij greep de draak, de oorspronkelijke slang, die de Duivel en Satan is, en bond hem vast voor 1000 jaar. Hij gooide hem in de afgrond, sloot die boven hem en verzegelde die, zodat hij de volken niet meer zou misleiden voordat de 1000 jaar voorbij waren. Daarna moet hij voor een korte tijd worden vrijgelaten. En ik zag tronen, en degenen die erop zaten kregen autoriteit om te oordelen. Ik zag de zielen van hen die terechtgesteld waren, omdat ze getuigenis hadden gegeven van Jezus en hadden gesproken over God, en van hen die het wilde beest en zijn beeld niet hadden aanbeden en die niet het merkteken op hun voorhoofd of op hun hand hadden gekregen. Ze kwamen tot leven en regeerden als koningen met de Christus,1000 jaar lang. (De andere doden kwamen pas tot leven toen de 1000 jaar voorbij waren.) Dit is de eerste opstanding. Gelukkig en heilig is iedereen die deelheeft aan de eerste opstanding. Over hen heeft de tweede dood geen autoriteit maar ze zullen priesters van God en van de Christus zijn en ze zullen de 1000 jaar met hem als koningen regeren. Zodra de 1000 jaar voorbij zijn, zal Satan uit zijn gevangenis worden vrijgelaten. Hij zal erop uit gaan om de volken aan de vier hoeken van de aarde, Gog en Magog, te misleiden om hen voor de oorlog te verzamelen. Hun aantal is als het zand van de zee. Ze rukten op over de hele aarde en omsingelden het kamp van de heiligen en de geliefde stad. Maar er kwam vuur uit de hemel dat hen verteerde. En de Duivel, die hen misleidde, werd in het meer van vuur en zwavel gegooid, waar het wilde beest en de valse profeet al waren. Ze zullen dag en nacht gepijnigd worden, voor altijd en eeuwig. En ik zag een grote witte troon en degene die erop zat. De aarde en de hemel vluchtten van hem weg en er werd geen plaats voor ze gevonden. Ik zag de doden van groot tot klein, voor de troon staan en er werden boekrollen geopend. Maar er werd nog een andere boekrol geopend: de boekrol van het leven. Op grond van de dingen die in de boekrollen geschreven stonden, werden de doden geoordeeld naar hun daden. De zee stond haar doden af en de dood en het Graf stonden hun doden af, en ze werden afzonderlijk geoordeeld naar hun daden. De dood en het Graf werden in het meer van vuur gegooid. Dit meer van vuur betekent de tweede dood. Bovendien werd iedereen die niet in het boek van het leven geschreven bleek te zijn in het meer van vuur gegooid. (Openb. 20:1-15)

Nog even en er zijn geen slechte mensen meer. Je zult kijken op de plek waar ze waren, maar ze zijn er niet meer. De zachtmoedigen zullen de aarde bezitten. Ze zullen er eeuwig en intens genieten van vrede en overvloed in Jezus Christus naam, Amen.(Ps. 37:10,11, 29) Zijn heerschappij zal zich blijven uitbreiden en aan vrede zal geen einde komen, op de troon van David en in zijn koninkrijk om het te bevestigen te ondersteunen door gerechtigheid en rechtvaardigheid, van nu tot in eeuwigheid. Jehovah van de legermachten zal dat in zijn ijver doen aan hem komt de eer toe en de macht, voor eeuwig. Amen. (Jes. 9:7)

De losprijs
Zo is ook de Mensenzoon niet gekomen om gediend te worden, maar om te dienen en zijn leven te geven als een losprijs in ruil voor velen.

Ef. 1:7
Via hem, door zijn bloed, hebben we de verlossing door losprijs de vergeving van onze overtredingen dankzij de overvloed van zijn onverdiende goedheid

Om te begrijpen waarom er een losprijs nodig was, moeten we weten wat er duizenden jaren geleden in de tuin van Eden gebeurde. De eerste mensen, Adam en Eva, zondigden. Daarom gingen ze dood. En omdat Adam en Eva hun zonde aan ons hebben doorgegeven, gaan ook wij dood.

Adam was 'naar Gods beeld' gemaakt (Gen.1:27). Dat betekent dat Jehovah hem eigenschappen had gegeven die hij zelf ook heeft, zoals liefde, wijsheid, rechtvaardigheid en kracht. Hij gaf Adam ook een vrije wil. Adam was geen robot. Hij kon zelf kiezen of hij het goede wilde doen of niet. Als hij ervoor had gekozen om naar God te luisteren, had hij voor altijd in het paradijs kunnen leven. Hij verloor zijn bijzondere vriendschap met God en zijn volmaaktheid. (Gen. 3:17-19)

Alles wat we voelen, denken of doen wat tegen Jehovah of zijn wil ingaat, is een zonde. Omdat zonde je band met God beschadigt, heeft hij wetten en principes gegeven die je helpen om geen dingen te doen waarmee je hem kwetst. In het begin was alles wat Jehovah gemaakt had volmaakt. Maar toen Adam en Eva ervoor kozen niet naar Jehovah te luisteren, zondigden ze en werden ze onvolmaakt. Ze werden oud en gingen dood. En omdat Adam zonde aan ons heeft doorgegeven, gaan ook wij dood.

Dus door één mens is de zonde in de wereld gekomen en door de zonde de dood, en zo heeft de dood zich tot alle mensen uitgebreid omdat ze allemaal hebben gezondigd.
  (Rom. 5:12)

Maar gelukkig is er voor ons nog wel hoop. Jehovah zorgde namelijk voor een losprijs.
  (1 Joh. 4:9,10)

Hierdoor is Gods liefde in ons geval duidelijk geworden: God heeft zijn eniggeboren Zoon naar de wereld gestuurd, zodat we door hem leven zouden krijgen, die liefde houdt het volgende in: niet wij hebben God liefgehad, maar hij heeft ons liefgehad en heeft zijn Zoon gestuurd als zoen-offer voor onze zonden.
  (Filip. 2:7)
Nee, hij heeft alles opgegeven, heeft de gedaante van een slaaf aangenomen en is mens geworden. Jezus was een engel in de hemel voor hij naar de aarde kwam, zodat we gered worden. Het Woord is vleesgeworden en heeft bij ons gewoond. We hebben zijn glorie gezien, een glorie

die hoort bij een eniggeboren zoon van een vader. Hij was vol gunst van God en vol waarheid. (Joh. 1:14)

De regering in de hemel, de 144000, bestaat uit de volgende stammen, met Jezus Christus aan de rechterhand van God als koning.

En ik hoorde het aantal van hen die verzegeld werden: 144.000, verzegeld uit elke stam van de zonen van Israël.

Uit de stam Juda 12.000 verzegeld,
uit de stam Ruben 12.000,
uit de stam Gad 12.000,
uit de stam Aser 12.000,
uit de stam Naftali 12.000,
uit de stam Manasse 12.000,
uit de stam Simeon 12.000,
uit de stam Levi 12.000,
uit de stam Issaschar 12.000,
uit de stam Zebulon 12.000,
uit de stam Jozef 12.000
en uit de stam Benjamin 12.000 verzegeld.

Daarna keek ik en zag een grote menigte, die niemand tellen kon, uit alle landen, stammen, volken en talen. Ze stonden voor de troon en voor het Lam, gekleed in witte gewaden en met palmtakken in hun handen. Met luide stem riepen ze steeds: "Redding hebben we te danken aan onze God, die op de troon zit, en aan het Lam."

Alle engelen stonden rondom de troon, de oudsten en de vier levende wezens. Ze bogen zich diep neer voor de troon en aanbaden God. Ze zeiden: "Amen! De lof en de glorie en de wijsheid en de dank en de eer en de kracht en de sterkte komen onze God toe, voor altijd en eeuwig. Amen." Toen vroeg een van de oudsten mij: "Wie zijn dat in die witte gewaden en waar komen ze vandaan?" Onmiddellijk zei ik tegen hem: "Mijn heer, u weet het." Daarop zei hij: "Dat zijn degenen die uit de grote verdrukking komen. Ze hebben hun gewaden gewassen en wit gemaakt in het bloed van het Lam. Daarom staan ze voor de troon van God en doen ze dag en nacht heilige dienst voor hem in zijn tempel. Hij die op de troon zit, zal zijn tent over hen uitspreiden. Ze zullen geen honger of dorst meer hebben, de zon zal niet op hen branden en geen verschroeiende hitte zal hen treffen. Want het Lam, dat in het midden van de troon is, zal hen hoeden en hen leiden naar bronnen met levengevend water. En God zal elke traan uit hun ogen wegwissen."

PROFETIEËN VAN DE LAATSTE DAGEN

Terwijl hij op de Olijfberg zat, kwamen de discipelen naar hem toe. Ze waren alleen met hem en vroegen: "Vertel ons, wanneer zal dat allemaal gebeuren? En wat zal het teken zijn van je aanwezigheid en van het einde van het tijdperk?"

In Mattheus 5:18 zegt De Here Jezus Christus tegen zijn discipelen: "Ik verzeker jullie: hemel en aarde zouden nog eerder verdwijnen dan dat er ook maar één letter uit de wet verdwijnt voordat alles uitkomt. Zo is ook door de Here Jezus aan zijn discipelen voorspeld dat de tempelgebouwen in Jeruzalem verwoest zou worden, zoals in Mattheus 24:1 staat geschreven.

Van de tempelgebouwen is geen spoor overgebleven, maar het hooggelegen terrein is er nog. Het getuigt van de betrouwbaarheid van een profetisch teken.

De Bijbel beschrijft opvallende gebeurtenissen en omstandigheden die zouden plaatsvinden in het beluit van het huidige samenstel van dingen of het einde van deze wereld.

* Op grote schaal oorlogen (Matth.24:7; Openb. 6: 4)
* Hongersnood (Matth.24:7;Openb.6:56
* Grote aardbevingen (Luk.21:11)
* Epidemieën (Luk.21:11).
* Toename van criminaliteit (Matth. 24:12)
* Mensen ruïneren de aarde (Openb.11:18)

- De instelling van mensen verslechtert: velen zijn ondankbaar en ontrouw, staan voor geen enkele overeenkomst open en zijn kwaadsprekers. Ze zijn onbeheerst en wreed, hebben geen liefde voor het goede, ze zijn verraders, roekeloos en opgeblazen van trots (2Tim.3:1-4)
- Ernstige problemen in het gezin; mensen zijn 'zonder natuurlijke genegenheid' en kinderen zijn 'ongehoorzaam aan ouders' (2Tim. 3:2,3)
- Bij de meeste mensen verkoelt de liefde voor God (Matth. 24:12)
- Opmerkelijk veel huichelarij in religies (2 Tim. 3:5)
- Beter begrip van Bijbelse profetieën, onder andere over de laatste dagen (Dan.12:4)
- Wereldwijde prediking van het goede nieuws van het Koninkrijk (Matth.24:14)
- Wereldwijde onverschilligheid of zelfs spot als het gaat om de bewijzen dat het einde nadert (Matth. 24:37-39; 2Petr.3:3,4)
- Deze profetieën zouden tegelijkertijd in vervulling gaan – niet alleen maar een paar of de meeste ervan, maar al deze profetieën (Mattth.24:33)

De toestanden in de wereld als de Bijbelse chronologie duiden erop dat de laatste dagen in 1914 zijn begonnen. In dat jaar begon Gods Koninkrijk in de hemel te regeren; een van de eerste dingen die het Koninkrijk deed, was Satan en de demonen uit de hemel neerwerpen naar de omgeving van de aarde (Openb. 12:7-12). Satans invloed op de mensheid is in daden en slechte instelling te zien, waardoor de laatste dagen kritieke tijden zijn die moeilijk zijn door te komen, 2Timotheus 3:1-5

DE HEMEL IS NEERGEDAALD OM VREDE TE SLUITEN.

Psalm 7:11.

De zachtmoedigen zullen de aarde bezitten, ze zullen intens genieten van vrede in overvloed, op aarde.

Sommige mensen kunnen geen vrede sluiten.

De reden is dat ze het vaak niet kunnen. Om de simpele reden: het zijn mensen die niet vatbaar zijn voor een of andere overeenkomst. Of omdat ze zich niet aan kunnen houden, bijvoorbeeld, omdat ze geen heilige geest, Gods geest hebben.

De Bijbel geeft ons adviezen om eigenschappen te ontwikkelen die vrede bevorderen en emotionele wonden helen, zoals inzicht, vriendelijkheid, liefde en geduld (Spr. 14: 29).

In de Bijbel staan adviezen, die we kunnen opvolgen:
1 Niet snel kwaad worden, dat geeft inzicht.
2 Wees bereid om sorry te zeggen.
3 Vergeef de ander van harte.

Het geheim van vrede
Liefde, het allerbelangijkste, want:
Liefde is niet jaloers
Liefde schept niet op, wordt niet opgeblazen
Liefde gedraagt zich niet onfatsoenlijk
Liefde is niet zelfzuchtig
Liefde raakt niet geërgerd
Liefde rekent het kwade niet aan
Liefde is niet blij met onrecht, maar is blij met de waarheid
Liefde verdraagt alles

Liefde gelooft alles
Liefde hoopt alles
Liefde verduurt alles
Liefde faalt nooit

Vergelding
Vergeld niemand kwaad met kwaad.
> Houd rekening met wat volgens de mensen goed is.
> Aan God de Soevereine Heer Jehovah is de wraak.
> Want er staat geschreven: (Liebie deng gi Gado) "Het is aan mij om wraak te nemen. Ik zal vergelden," zegt Jehovah.

Bijbelstudie
Motiveert om toe te passen wat er in de Bijbel staat geschreven.

Bijvoorbeeld:
Alle dingen die gij wilt dat de mensen voor u doen, moet gij insgelijk voor hen doen. (Matth.7:12)

Gij moet uw naaste lief hebben als u zelf (Matth.22:39)

Maar weet dat er in de laatste dagen zware tijden zullen aanbreken die moeilijk te doorstaan zijn. Want de mensen zullen alleen om zichzelf geven en om geld. Ze zullen verwaand zijn, arrogant, lasteraars, ongehoorzaam aan ouders, ondankbaar en ontrouw. Ze zullen geen natuurlijke genegenheid hebben, voor geen enkele overeenkomst openstaan en kwaadsprekers zijn. Ze zullen verraders zijn, roekeloos en opgeblazen van trots met meer liefde voor genot dan liefde voor God. Ze zullen een schijn van vroomheid hebben, maar de kracht ervan niet blijken te bezitten. Keer je af van hen. Uit hun midden komen mannen die zich op een sluwe manier bij gezinnen binnendringen en zwakke vrouwen in hun macht krijgen, die met zonden beladen zijn en zich door allerlei verlangens laten leiden, die zich laten onderwijzen en toch nooit tot nauwkeurige kennis van de waarheid kunnen komen. Zoals Jannes en Jambres zich tegen Mozes hebben verzet, zo blijven zij zich tegen de waarheid verzetten. Zulke mensen hebben een totaal verdorven geest en zijn afgekeurd wat het geloof betreft.

De Vredevorst Jezus Christus.

Want een kind is ons geboren en een zoon is ons gegeven en de heerschappij zal op zijn schouders rusten. Hij zal worden genoemd; Wonderbaar Raadgever, Sterke God, Eeuwige Vader, Vredevorst.

Zijn heerschappij zal zich blijven uitbreiden en aan vrede zal geen einde komen. Op de troon van David en in zijn Koninkrijk, om het te bevestigen en te ondersteunen door gerechtigheid en rechtvaardigheid van nu aan tot in eeuwigheid. Jehovah van de legermachten zal dat in zijn ijver doen.(Jes. 9:6-7)

In zijn dagen zal de rechtvaardige bloeien, er zal volop Vrede zijn tot de maan niet meer is. (Ps. 72:7)

Het volk van Jehovah is een volk van Vrede. Ik heb liever de vrede. Dat maakt mij gelukkig. Soms is het niet makkelijk, maar met Jehovah's hulp lukt het wel. Er is geen enkele Christelijke organisatie, die zich met dit volk kan evenaren. Ik ben zo vaak vergeven en heb niet altijd kunnen zeggen wat ik voel. We zijn onvolmaakt. Moge Jehovah mij vergeven. Er zijn meerdere broeders en zusters, waarvan je zou denken. Dat is liefde. Want God is liefde. Zachtaardig, Geduldig, Vergevensgezind, Vriendelijkheid, Wijsheid, Reinheid. Gelukkig met Jehovah's woord. En vooral meelevend. JEHOVAH IS SOEVEREIN. Dat is mijn missie.

Ik heb wel veel gezien, waar ik liever niet over kon of kan praten. Jehovah is goed voor mij. Ik heb veel geleden. Hoop dat de getuigen van mij blijven houden. Want ik houd veel van hen. Ik moest iets doen voor Jehovah, maar kon er niet over praten. Over sommige dingen kan je niet praten. Dank u alle engelen van God.

Olie

Ik heb in december 2018 olijfolie gekocht en heb gemerkt dat iemand met een onreine geest opzettelijk de fles heeft verontreinigd in de winkel, omdat ik die nodig had.

Toen ik thuiskwam ontdekte ik dat het onrein was, omdat de winkelier het overhandigde en het meegaf. Ik heb het in heet water gelegd en daarna was het rein.

Ook zo eens toen mijn huis bezichtigd werd door kopers hebben ze twee flessen van mijn olie aangeraakt en het werd onrein. Ze weten wie ik ben. Zo kwamen ze stiekem bezichtigen om mijn geest te irriteren. Gods kracht is niet te vernietigen. Het is de kracht die bij mij hoort en ik ontvang het ongevraagd. In aluminiumfolie gewikkeld, omdat ik het onrein vond. Sommige mensen zijn onrein in de geest. Een erfenis of zelf opgezocht. Ik vergeef hen. Dit maakt het moeilijk om mensen te vertrouwen. Het is oppassen. Liefde kan heel veel moois brengen. Wanneer iedereen liefdevol met elkaar omgaat en in God gelooft krijgen we een mooie, vredige wereld. Er is genoeg ellende in deze wereld. Wees goed voor elkaar en steel niet van iemands rijkdom. En geschenken die van God afkomstig zijn. Er is veel van mij gestolen, waaronder een zilveren armband. Ik wil het niet meer.

De Wet die Jehovah aan Mozes gaf, bevatte het recept voor de zalfolie. Voor de speciale samenstelling ervan werden de uitgelezenste ingrediënten gebruikt – mirre, zoete kaneel, zoete kalmoes, kassie en olijfolie. (Ex. 30:22-25) Wie dit mengsel bereidde en het voor een profaan doel (voor de tempel) of onbevoegd gebruikte, maakte zich aan een doodzonde schuldig (Ex. 30:31-33)

Hierdoor werd in figuurlijke zin te kennen gegeven hoe belangrijk en heilig een aanstelling was die door zalving met heilige olie was bekrachtigd. Ik heb een gelukkige geest. En zag de zalving in mijn olie dat heling en zachte zalving heilige geest in zich heeft. Het is gestolen door dieven en hebben het op hun lichaam gesmeerd. Ze doen alsof en doen alsof zij heilig zijn, maar in principe zijn ze dat niet. Ook had ik in twee glazen water staan. Die dieven kwamen en ik weet dat ze het over hun lichaam hebben gegooid. De heilige geest zei daarvoor een paar keer voor het gebeurde: "Je hebt je water dat je moet drinken nog daar op tafel staan." Alsof die tegen mij wilde zeggen: "De dieven komen eraan om het te stelen." Ik kon er maar niet aan toe komen om het op te drinken. Ik drink liever water dan eten tot mij te nemen. Ik vergeef hen, maar wil niet bestolen worden en mijn geluk vervloekt hebben door mensen die doen alsof ze gelukkig zijn. Ik had goede plannen met mijn olie. Ik kan wel acteren, maar niet doen, alsof ik gelukkig ben. Ze kunnen Gods zegen niet vinden want Gods heilige geest zegt mij, wat ik moet doen. Ze mogen de heilige geest van God in mij niet meer of langer hinderen. Vasten is de oplossing.

Jehovah zei tegen Mozes: "Zeg tegen Aäron: Steek je staf uit en sla ermee op de grond. Dan zal in heel Egypte het stof veranderen in muggen." En zo gebeurde het: Aäron stak de staf uit die hij in zijn hand had en sloeg op de grond, waarna er muggen verschenen die op mens en dier gingen zitten. Al het stof op de grond in heel Egypte veranderde in muggen. De magiërs probeerden met hun geheime tover-kunsten hetzelfde te doen en muggen tevoorschijn te laten komen, maar dat lukte niet. Alle mensen en dieren kwamen onder de muggen te zitten. De magiërs zeiden tegen de farao: "Het is de vinger van God!" Maar de farao bleef koppig, en hij luisterde niet naar hen, zoals Jehovah had gezegd.

Jehovah is de eerste en de laatste. Hij heeft het laatste woord. Hij is Soeverein en heeft het recht om te bepalen wat er gebeurt en niet een mens. Jezus bad ook eerst tot zijn vader voordat hij een beslissing nam. Dat moeten wij ook doen. Hij wil dat wij leven en niet sterven. Daar gaat de hele Bijbel over. Hij heeft vanaf het begin van de mensheid voor ons gezorgd, zodat wij niet verloren gaan van Adam en Eva tot nu toe. Hij luistert naar ons wanneer wij bidden. En vergeeft ons onze schulden. Jezus Christus luistert ook naar zijn Vader. Zo moeten wij ook naar onze ouders luisteren. En naar onze innerlijke stem die ook een hulp is, wanneer wij het niet meer zo goed weten. Maar bovenal de Here Jezus Christus als onze helper.

BIJBELBOEKEN EN AFKORTINGEN

Hebreeuws-Aramese Geschriften

Boek:	Afkorting:
Genesis	Gen.
Exodus	Ex.
Leviticus	Lev.
Numeri	Num.
Deutoronomium	Deut.
Jozua	Joz.
Richteren	Richt.
Ruth	Ru.
1 Samuel	1 Sam.
2 Samuel	2 Sam.
1 Koningen	1 Kon.
2 Koningen	2 Kon.
1 Kronieken	1 Kron.
2 Kronieken	2 Kron.
Ezra	Ezr.
Nehemia	Ne.
Esther	Esth.
Job	Job.
Psalmen	Psalm.
Spreuken	Spr.
Prediker	Pred.
Hooglied	Hoogl.
Jesaja	Jes.

Jeremia	Jerem.
Klaagliederen	Klaagl.
Ezechiel	Ezech.
Daniel	Dan.
Hosea	Hos.
Joel	Joe.
Amos	Am.

Boeken:	Afkorting:
Obadja	Ob.
Jona	Jon.
Micha	Mi.
Nahum	Na.
Habakuk	Hab.
Zefanja	Zef.
Haggai	Hag.
Zacharia	Zach.
Malechie	Mal.

Christelijke Griekse Geschriften

Boeken:	Afkorting:
Mattheus	Matth.
Markus	Mark.
Lukas	Luk.
Johannes	Joh.
Handelingen	Hand.

Romeinen	Rom.
1Korinthiers	1Kor.
2Korinthiers	2Kor.
Galaten	Gal.
Efeziers	Ef.
Filippenzen	Fil.
Kolossenzen	Kol.
1Thessalonicenzen	1Thess.
2Thessalonicen	2Thess.
1Thimotheus	1Tim.
2Thimotheus	2Tim.
Titus	Tit.
Filemon	Fil.
Hebreeën	Hebr.
Jakobus	Jak.
1Petrus	1Petr.
2Petrus	2Petr.
1Johannes	1Joh.
2Johannes	2Joh.
3Johannes	3Joh.
Judas	Judas
Openbaring	Openb.

Tot slot, mijn broeders, wees altijd verheugd in de Heer. Ik heb er geen moeite mee jullie dezelfde dingen te schrijven, en het is voor jullie bestwil.

Vandaag, 21 september 2020, liep ik naar het Stadhuis waar mijn Joshaha is en een van de personen die daar in het groepje voor het gebouw stonden te praten, zei: "Ik maak een erepoort voor je." En daar liep ik trots naar binnen. Deze erepoort werd ook gevormd toen ik zei, dat ik weg ging tijdens een andere gelegenheid, die bijzonder was. Ik ging ook door een erepoort. God had mij naar hem gestuurd, omdat mijn geest een geest van God is.

Ik zag een geest van God. Er is iemand met Gods geest, mijn heilige geest daar. Die bezocht ik vandaag om een andere brief te geven. Hij was er niet, want hij was druk aan het werk bij de P-A. Hij is Shohaha. Door de Engelen bewaarder. Ik hoop dat hij goed voor mij is. Ik zegen hem.

God wil dat ik gelukkig ben.

Ik zal blijven uitzien naar Jehovah.
    Ik zal geduldig wachten op de God van mijn redding.
    Mijn God zal mij horen.
    Wanneer ik bid.
Jehovah is mijn Herder mij zal niets ontbreken. In grazige weiden doet hij mij neerliggen. Aan waterrijke rustplaatsen voert hij mij. Mijn ziel verkwikt hij. Hij leidt mij in de sporen van rechtvaardigheid om zijns naams wil. Al wandel ik ook in het dal van diepe schaduw. Ik vrees niets kwaads. Want gij zijt met mij. Uw stok en uw staf die vertroosten mij. Gij maakt voor mijn aangezicht een tafel in orde ten aanschouwen van hen die blijk geven van vijandschap jegens mij. Met olie hebt gij mijn hoofd ingewreven. Mijn beker is welgevuld; waarlijk louter goedheid en liefderijke goedgunstigheid zullen mij volgen al de dagen van mijn leven en ik zal stellig in het huis van Jehovah wonen tot in lengte van dagen. In Jezus Christus naam, Amen.

Let us pray:
"Onze Vader in de hemel, laat uw naam geheiligd worden. Laat uw Koninkrijk komen. Laat uw wil gedaan worden op aarde, net zoals in de hemel. Geef ons het brood dat we vandaag nodig hebben. En vergeef ons onze schulden, zoals ook wij anderen hun schulden hebben vergeven. En breng ons niet in beproeving, maar red ons van de goddeloze."

Wij zijn een volk van God afkomstig.

EEN HART FUR AUTOREN A HEART FOR AUTHORS À L'ÉCOUTE DES AUTEURS MIA ΚΑΡΔΙΑ ΓΙΑ ΣΥΓΓ
ΕRTA FÖR FÖRFATTARE UN CORAZÓN POR LOS AUTORES YAZARLARIMIZA GÖNÜL VERELIM S.
PER AUTORI ET HJERTE FOR FORFATTERE EEN HART VOOR SCHRIJVERS TEMOS OS AUT
ZOINKERT SERCE DLA AUTORÓW EIN HERZ FÜR AUTOREN A HEART FOR AUTHORS À L'ÉCO
ÇÃO ВСЕЙ ДУШОЙ К АВТОРАМ ETT HJÄRTA FÖR FÖRFATTARE À LA ESCUCHA DE LOS AUTO
MIA ΚΑΡΔΙΑ ΓΙΑ ΣΥΓΓΡΑΦΕΙΣ UN CUORE PER AUTORI ET HJERTE FOR FORFATTERE EEN
ANIML   VE   ERZÓINKERT SERCE DLA AUTORÓW EIN HERZ FÜ
MOS   ORAÇÃO ВСЕЙ ДУШОЙ К АВТОРАМ ETT HJÄRTA FÖ

De auteur

Nanda Blinker is in 1952 geboren in Paramaribo, in
District Suriname. Zij is hbo-opgeleid als leerkracht, remedial teacher en pedagoge. Ze schildert
en tekent graag, maar heeft ook zang- en acteertalent. Ze fungeert bovendien als coach.
Zelf omschrijft Nanda Blinker: "Mijn dag is goed
als ik 's morgens wakker word en zing. Woorden
en zinnen verzin ik meestal zelf op een bekende of
onbekende melodie." Maar bovenal houdt Nanda
zich bezig met Jehovah's werk. Dat ervaart zij als
haar belangrijkste missie. "Ik heb veel mensen zien
genezen, vaak zonder dat ze het zelf weten."
Nanda schrijft zelf songteksten. De hemel is neergedaald om vrede te stichten is haar eerste boek.
Nanda woont in Lelystad en is ongehuwd. Ze heeft
twee kinderen: een zoon en een dochter.

De uitgeverij

*Wie ophoudt
beter te worden
is opgehouden
goed te zijn!*

Op basis van dit motto zoekt uitgeverij novum
steeds nieuwe manuscripten! Ondertussen zijn wij in
Nederland, Duitsland, Oostenrijk en Zwitserland dé
specialist voor nieuwe auteurs.

**Elk manuscript dat wij ontvangen wordt gratis
door onze redactie beoordeeld.**

Meer informatie over onze uitgeverij en over onze
boeken kunt u op online vinden onder:

w w w . n o v u m p u b l i s h i n g . n l